Hello Vegan!

世界一簡単なヴィーガンレシピ

ヴィーガン料理を、もっと身近に。

このレシピ本を手にとってくれてありがとうございます。
ヴィーガン生活を送っている人、野菜料理が好きな人…
もしかしたら、ヴィーガンという言葉を初めて知った人もいるかも
しれません。どんな人でも、大歓迎です。

本書がヴィーガン料理を気軽に楽しむきっかけになれば嬉しいです。

初めまして。ブイクックです。

私たちは、誰もがヴィーガンを実践できる Hello Vegan! な社会を目指し2019 年から日本初
のヴィーガン料理に特化したレシピ投稿サイトを運営しています。
既に何十万人もの人に、ウェブサイトや Instagram 、YouTube を通してヴィーガンレシピを届
けてきました。

最近耳にすることも多くなってきた「ヴィーガン」という言葉。初めて聞いたという人もい
るはずなので、少しご紹介します。
ベジタリアンが肉類・魚介類を食べないのに加えて、卵や乳製品などの動物性食品や商品全
般を避ける考え方やライフスタイルをヴィーガンと呼びます。
つまり、このレシピ本に掲載している 100 品は全て植物性100% の料理なのです！
世界中で、ヴィーガンやフレキシタリアン（柔軟なヴィーガン）が増えている中、日本での
生活には大変なことも多くあります。

 ヴィーガン料理は難しそう

 野菜だけだと物足りなさそう

ヴィーガン料理へのハードルや情報不足は、そんな大きな課題の一つです。
そこで、簡単に美味しいヴィーガン料理を作れるようになるために『世界一簡単な ヴィー
ガンレシピ』を出版することになりました。
本書では、スーパーで手に入る食材を使って、短い調理時間で完成するヴィーガン料理を
100 品掲載しています。レシピは、15 名のレシピ協力者による身近な料理ばかり。
さらに、レシピ情報だけではなく、栄養学やヴィーガン商品、飲食店の情報も掲載している
ので、この一冊でヴィーガン生活を気軽に始めることができます！

それでは、簡単で美味しいヴィーガン料理をお楽しみください！

もくじ　世界一簡単なヴィーガンレシピ

ヴィーガンってなに？

最近よく耳にする VEGAN（ヴィーガン）。

ヴィーガンとは 1944 年にイギリスで生まれた、可能な限り動物の搾取を避ける考えやライフスタイルを意味します。

ベジタリアンが肉類や魚介類を避けることに加え、ヴィーガンは肉や魚だけでなく卵や乳製品、蜂蜜などの動物性食品全般、そして他にも皮製品やウールなどの動物製商品も避けます。

近年、アメリカやヨーロッパをはじめとした他先進国でも広がっており、日本でもヴィーガン商品や飲食店が増えてきました。

ヴィーガンの理由

ヴィーガンのライフスタイルを選択する理由は人によって様々ですが、大きくは 4 つに分けられます。

動物愛護
工場制畜産による、豚や牛、鶏等の畜産動物の犠牲を減らすため、動物性の食品を避ける人が増えています。食事だけでなくファッションや動物実験などを行った商品を避けることも多いです。

環境保全
畜産業と環境問題に大きな関係があることから持続可能な社会に向けヴィーガン料理が広がっています。例えば、ヴィーガンは 1 日に約 400L の水を節約できるなど、環境に優しい食事として注目されています。

宗教
日本では馴染みがないかもしれませんが、東南アジアやインドを中心に宗教的な理由からベジタリアンやヴィーガンを実践している方は多いです。インドでは、25% 以上がベジタリアンだと言われています。

健康
植物性 100% であるヴィーガンの食事が様々な病気を予防するとの研究結果も報告されています。また、アスリートがヴィーガンの食事を取り入れることもある等、スポーツ科学的にも菜食における有効性が近年注目を集めています。

ベジタリアンやヴィーガンの中にもいくつかの種類があります。
ここでは、代表的な8種類のベジタリアンをご紹介します。

ラクト・ベジタリアン

肉類や魚介類、卵は避けるが、乳製品は食べるベジタリアン。

オボ・ベジタリアン

肉類や魚介類、乳・乳製品は避けるが、卵は食べるベジタリアン。

ラクト・オボ・ベジタリアン

肉類や魚介類は避けるが、乳製品・卵は食べるベジタリアン。

ペスコ・ベジタリアン

肉類は避けるが、乳製品・卵・魚介類を食べるベジタリアン。

エシカルヴィーガン

倫理的な理由から衣食住において動物性食品や商品を避ける。

ダイエッタリーヴィーガン

食事面でのみ動物性のものを避ける。プラントベースとも呼ばれる。

フルータリアン

ヴィーガンに加え、根菜、葉野菜なども取らず、フルーツやナッツ等のみを摂取する。

オリエンタル・ベジタリアン

ヴィーガン食に加え五葷と呼ばれる野菜を避ける。
（＊五葷…ネギ、ラッキョウ、ニンニク、タマネギ、あさつき等）

菜食でも栄養素足りる？

ヴィーガン生活を始めるにあたり「健康は大丈夫だろうか？」と不安に感じる人は多いです。
しかし、全粒穀物・豆類・野菜果物・海藻・きのこ・ナッツ・シードを含むバランスの取れた菜食は、私たちに必要な栄養素を全て摂取することができます。
ただし、ヴィーガン料理と一言でいっても、ヴィーガンのパンや麺類、クッキー、ケーキ、ドーナツ、アイスクリームなどの精製食品や加工食品ばかり食べていては十分な栄養素は摂れませんし、健康を害してしまうこともあります。菜食をするしないに関わらず、出来るだけ精製や加工のされていない食品を積極的に毎食取り入れていくことが、体が喜ぶバランスの取れた食生活を送るカギです。

 ## 専門家はなんて言ってる？

日本ではまだまだ馴染みのないライフスタイルですが、ヴィーガン人口が増えてきているイギリスや アメリカ、カナダ、オーストラリアでは、保健機関や栄養士会が「バランスの取れた菜食は、老若男女問わず全ての人々にとって健康的で、十分な栄養素を含み、病気の予防にも繋がる」と言っています。

 ## 菜食で不足しがちな栄養素

菜食では、従来の食事に含まれるお肉や魚介類、卵、乳製品などの動物由来の食品を摂りません。
動物性食品は特にタンパク質、鉄分、カルシウム、オメガ3脂肪酸、ビタミンB12の大切な摂取源とされているため、この5つの栄養素をどの植物性食品で代用するべきなのかをちゃんと理解することが大切です。

ヴィーガン栄養学監修 山﨑 由華さん

カナダのハリファックスにある Mount Saint Vincent University で栄養学を学び、2019年に Bsc Applied Human Nutrition（応用人間栄養学学士号）を取得し首席で卒業。大学の授業で完全菜食でも十分栄養素を摂れることや、菜食は健康的で生活習慣病を予防する効果があることを知り、「菜食は不健康」という概念が強い日本でも、より多くの人に安心して菜食を実践してもらえるよう、栄養学講座を開いたり、YouTube を通して菜食自炊の手軽さを発信している。 Instagram @yuka_yamazaki_

菜食で意識的に取り入れたい食品

タンパク質

タンパク質は、実はほとんどの食材に含まれています。その中でも特にタンパク質が豊富なのは、大豆製品（枝豆、納豆、豆腐、豆乳、きな粉など）、豆類（ひよこ豆、レンズ豆、小豆など）、ナッツ（アーモンド、くるみ、カシューナッツなど）、シード（ごま、チアシード、ヘンプシード、かぼちゃの種など）、穀物（玄米、そば、オーツ麦、小麦製品など）、ピーナッツ、ブロッコリー、芽キャベツ、ほうれん草などです。

鉄分

鉄分が豊富に摂れる食材は、深緑色の葉物野菜（大根の葉、小松菜、サラダ菜、サニーレタスなど）、海藻・きのこ（海苔、青のり、きくらげなど）、大豆製品、豆類、ドライフルーツ、ごま、アーモンドです。タンパク質やビタミンC（野菜果物、特に柑橘類、苺、パプリカ）と一緒に食べると吸収率が上がるので、一緒に食べるのがおすすめです。紅茶や緑茶、コーヒーに含まれるポリフェノールは鉄分の吸収を妨げてしまうので食事と一緒に飲むのは控えるようにしましょう。

カルシウム

カルシウムが豊富な食材は大豆製品、豆類、特定の野菜（青梗菜、小松菜、ケール、キャベツ、ブロッコリーなど）、そしてごま、わかめ、ひじき、切り干し大根、アーモンド、干しイチジクなどです。マグネシウム（大豆製品、豆類、ナッツなど）、ビタミンD（天日干ししたきのこ）、ビタミンCと一緒に食べると吸収率アップ。

オメガ3脂肪酸

オメガ3脂肪酸を摂れる食材は限られています。くるみであれば1/3カップ弱、亜麻仁油だと小さじ1杯、えごま油は小さじ1/2杯、チアシードは大さじ1杯、ヘンプシードだと大さじ2杯摂ることで、推奨されているオメガ3脂肪酸（αリノレン酸）の1日の摂取量を補うことができます。オメガ3脂肪酸は酸素、光、熱に弱く酸化しやすいため、これらの食材はしっかりと蓋の閉まる容器に入れ、冷蔵庫で保管し、食べるときは熱くない料理（サラダやスムージーなど）に入れて食べるようにしましょう。

ビタミンB12

ビタミンB12は、食品から摂取したい場合はニュートリショナルイーストやマルチビタミンB12かいわれ、海苔などから摂取することができます。しかし含まれている量が不安定であり、ちゃんと体内で吸収できているかは不明確です。確実に摂取するためにはサプリメントがおすすめ。1日に25-100μgのビタミンB12を含むサプリを毎日摂るか、1000μgのビタミンB12を含むサプリを週に2回摂取しましょう。

Recipe variation

お弁当にも使える一品！

1. 三色丼

🕐 調理時間 20min

材料（2人前）

●大豆ミートのそぼろ
大豆ミート（ミンチ） 1/2 カップ
醤油 小さじ1
甜菜糖 小さじ1
ごま油 適量
しょうが 小さじ1.5
醤油 小さじ2
A 甜菜糖 小さじ1
A 顆粒昆布だし 少々
A 塩こしょう 少々

●豆腐のそぼろ
木綿豆腐 1/2 丁
B 薄口醤油 小さじ1
B 甜菜糖 小さじ1
B 塩こしょう 少々
B ターメリック 小さじ 1/2
B ガーリックパウダー 小さじ 1/2

絹さや 6 枚
ご飯 2 膳分

作り方

① 絹さやは筋を取り、塩を入れたお湯で軽くゆでて水にさらし、粗熱が取れたら斜め細切りにする。

② 大豆ミート（ミンチタイプ）を湯戻しし、醤油と甜菜糖で下味をつけておく。

③ フライパンにごま油とみじん切りした生姜を熱し、大豆ミートとAを加えて炒める。

④ 別のフライパンに油を引いて、水切りした豆腐を崩しながら中火で煎り、Bを順に加えて炒める。

⑤ 器にご飯と③大豆ミート、④豆腐、絹さやを盛り付けて完成！

レシピ協力者

里美 さん
シンガーの里美です。小学5年から菜食を始め、YouTube/SNS(@satomi715)では
心を癒す歌やヴィーガン＆サステナブルライフを発信しています。
ヴィーガン料理の楽しさがこの本を通して皆さんに伝わりますように！

ワンポイント！
大豆ミートに下味をつけて、味をよく染み込ませるのが美味しさのポイントです！

甘辛ご飯！中華チャーハンも簡単に！

2. 豆腐の照り焼き炒飯

🕐 調理時間 40min

材料（3-4 人前）

A 木綿豆腐（水切り） 200g

A 醤油 大さじ 1

A メープルシロップ 大さじ 1

A オリーブオイル 大さじ 1

B にんにく 3 かけら

B 人参（小）1 本

B 玉ねぎ（小）1 玉

ごま油 大さじ 4

ネギ 3 本

塩 3 つまみ

こしょう 適量

作り方

① 水切りした豆腐をサイコロ型に切り、B はみじん切り、ネギは小口切りにする。

② A を小さめのボウルに入れてよく馴染ませる。

③ ②を小さいフライパンで 10 分ほど中火で炒めて取り出しておく。

④ B とごま油を大きいフライパンに入れて 10 分中火で炒める。

⑤ ご飯、ネギ、③を加えてさらに 5 分強火で炒め、塩こしょうで味を整えて完成！

レシピ協力者

まみこ さん

普段はバレエダンサーとしてヨーロッパで働いています。和食をはじめ、エスニック料理が好きです。SNS を通じてできるだけ多くの方に、健康で美味しいヴィーガン料理やスイーツを共有し、ヴィーガンを広めていきたいです。

ワンポイント！

手順④で炒めるときは、ご飯がパラパラになるように常に全体を混ぜ続けるようにするのがポイント！

とろとろ湯葉で！乗せるだけで簡単！

3. オムライス

🕐 調理時間 20min

材料（1人前）

●卵部分
A 湯葉　160 g
A ターメリック　小さじ 1/4
油　小さじ 2

●ケチャップライス
温かいごはん　茶碗一杯分
玉ねぎ　1/4 玉
ピーマン　1個
B ケチャップ　大さじ 2
B ウスターソース　小さじ 1
B 塩こしょう　ひとつまみ

油　小さじ 2
ケチャップ（仕上げ用）適量

作り方

① Aを混ぜ合わせておいておく。

② ピーマンはワタを取り除きみじん切りにし、玉ねぎもみじん切りにする。

③ 油をひいたフライパンに②を入れて中火で炒める。

④ 火が通ったらBを入れてさらに炒め、温かいごはんを加えて調味料が全体に絡むまで炒めて
　ケチャップライスの完成。

⑤ 油をひいて中火でよく熱したフライパンにAを流し入れ、薄く広げ縁が焼けてきたら裏返す。
　両面焼けたら火から下ろす。

⑥ お皿に④ケチャップライスを盛り⑤卵部分でくるみ、ケチャップをかけたら完成！

レシピ協力者

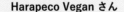

Harapeco Vegan さん

『忙しい時こそおいしいごはんでほっこり』をモットーに、思い立ったらすぐ出来る
ヴィーガンごはんとおやつのレシピを Instagram で紹介しています。

野菜の水分だけで焼き上げる逸品

7. お好み焼き

🕐 調理時間 20min

材料（4 人前）

キャベツ　1/4 玉	●仕上げ用
長ネギ　1 本	ソース　適量
山芋　お茶碗 1 杯分	豆乳マヨネーズ　適量
玉ねぎ　1/4 玉	青のり　適量
おろし生姜　大さじ 1	
小麦粉　1/2 カップ	
ベーキングソーダ　大さじ 1	
りんご酢　大さじ 1/2	
味噌　小さじ 1	
お塩　2 つまみ	
粉末昆布だし　大さじ 1	
（椎茸パウダー　大さじ 1）	

作り方

① キャベツは千切り、ネギは小口切り、玉ねぎはみじん切りにする。
　山芋は皮をむき摺り下ろす。

② ボウルに①と調味料全てを入れ混ぜ合わせます。（右写真）

③ 油を引いて熱したフライパンに生地を流し込み、蓋をして中火で焼き、
　焼き色がついたら蓋を外して反対側も焼く。

④ 仕上げにソース、豆乳マヨネーズ、青のりをかけて完成！

レシピ協力者

Lisa さん

アメリカ、カリフォルニア州で家族四人でヴィーガンライフを送っている Lisa です。
お料理が好きで Instagram を中心に、普段のお家ご飯や子供ご飯、手作りおやつ
などを栄養素なども踏まえながらシェアさせて頂いております。
ヴィーガン料理の楽しさをお伝えできれば幸いです！

市販のルーを使わずに作るヴィーガンカレー

5. カレー

🕐 調理時間 30min

材料（2人前）

玉ねぎ 1 玉
人参 2 個
じゃがいも 2 個
塩　小さじ 1.5
油　大さじ 1
生姜　1.5cm 程度
にんにく　4 かけ
トマトペースト　大さじ 2
大豆　約 140g
水　600ml

A カレー粉　大さじ 1.5
A 小麦粉　大さじ 2
A 醤油　大さじ 1
A 水　大さじ 4

作り方

① 玉ねぎを薄切り、生姜とにんにくをみじん切りにする。

② 油を引いた鍋で塩と①を加え、玉ねぎが飴色になるまで中火で炒める。

③ 食べやすい大きさに切った人参とじゃがいもを加え、さらに 2,3 分炒める。

④ 鍋に水とトマトペースト、塩小さじ 1 を加えて混ぜ、沸騰したら弱火にして蓋をし、野菜が
　柔らかくなるまで煮る。

⑤ 小さな器に A の材料をよく混ぜ合わせ、鍋に大豆と共に加えて、とろみが出るまでさらに
　弱火で煮る。

⑥ 塩味を調整して完成！

レシピ協力者

Chika さん

ナチュラルフードコーディネーター。妊娠期もヴィーガンで過ごし、娘も生まれた時
からヴィーガン。主に海外のレシピが好きで、インスタグラムの @oishivegetarian
に日々の食事などをポストしています。

ワンポイント！
以下の材料を加えると更に美味しく仕上がります！
中濃ソース　小さじ 2・アガベシロップ　大さじ 1・バナナをマッシュしたもの　1/2 本分・りん
ごのすりおろし　1/4 個分・無糖のココア　大さじ 1

肉味噌風味で、コクうま！

6. 坦々麺

🕐 調理時間 30min

材料（2人前）

細めのうどん　2人前
ラー油　お好み

●肉味噌
高野豆腐　1個
長ねぎ　1/4本
ごま油　大さじ2
A 甜麺醤　大さじ2
A 料理酒　大さじ1
A 醤油　小さじ2

●スープ
B 無調整豆乳　2カップ
B 水　1カップ
B 白練りごま　大さじ1

味噌　大さじ3〜4
にんにく　1片
生姜　1片
油　大さじ1

作り方

① A を混ぜ合わせておく。長ねぎ、にんにく、生姜はみじん切りにする。

② 高野豆腐を水で戻してよく絞り、手で細くちぎってごま油を絡める。

③ ②と長ねぎをフライパンで中火で3分程炒め、A を加えて全体に絡まる弱火で炒め、肉味噌の完成。

④ 鍋に油とにんにく、生姜を入れて中火で熱し、香りが立ってきたら味噌を加えて軽く炒める。

⑤ B を加えて沸騰直前まで加熱してスープの完成。

⑥ 器に茹でたうどんと⑤を盛り付け、③肉味噌を乗せたら完成！

レシピ協力者

Harapeco

Harapeco Vegan さん
『忙しい時こそおいしいごはんでほっこり』をモットーに、思い立ったらすぐ出来るヴィーガンごはんとおやつのレシピを Instagram で紹介しています。

濃厚なのに胃もたれ知らず

7. きのこと豆乳のクリームパスタ

🕐 調理時間 30min

材料（2人前）

パスタ　お好み
にんにく　1かけら
きのこ（2,3種類）　お好み
オリーブオイル　大さじ2

A 無調整豆乳　300cc
A 米粉 大さじ1

味噌　小さじ2
塩こしょう　適量

作り方

① にんにくはみじん切り、きのこ類は食べやすい大きさにカットしておく。

② フライパンにオリーブオイルとにんにくを入れ、弱火で香りが立つまで炒める。

③ きのこ類を加え軽く炒め、味噌（お好みで酒粕）を加えさらに炒める。

④ 全体に火が通ったら、別容器で溶いた A を加えて軽く煮る。

⑤ 茹でたパスタをソースの入ったフライパンに入れ、塩こしょうで味を整えて完成！

レシピ協力者

Veggical Kitchen さん

Veganというライフスタイルを送ってます。不器用日本代表とも言える私でも作れる、簡単で美味しい菜食料理をブログでご紹介。プラントベースな食生活は心も身体も軽くなるので多くの人にオススメですよ！

ワンポイント！
米粉は片栗粉などで代用可能です！米粉は火にかけ続けるとどんどん固まってくるので弱火で調節すると失敗しません。

8. ピリ辛玄米チャーハン

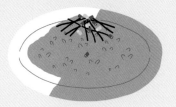

玄米ご飯　お茶碗 2 杯
玉ねぎ　1/2 個
にんにく　2 かけ
醤油　大さじ 2
酒　大さじ 2
塩　2 つまみ
粗挽き唐辛子　小さじ 2 〜大さじ 1
すりごま　大さじ 1
ごま油　小さじ 2
みりん　小さじ 1
粗挽き黒コショウ　4,5 ふりくらい
細ねぎ　ひとつかみ

材料（1 人前）7 min

9. ビーガンちらし寿司

白米　3 合
A レモン汁　50ml
A メープルシロップ又
　はオーガニックシュガー　大さじ 1.5
A 天然海塩又はヒマラヤンピンクソルト
　小さじ 1.5〜2
きゅうり　約 1/2 本
人参　約 1/2 本
赤．黄．オレンジパプリカ　1/2 個ずつ
木綿豆腐　1/2 丁
刻み海苔　適量
アボカド　1 個
レモン汁　適量
海塩　適量
乾燥昆布　5cm 角 1 枚

材料（5-6 人前）　20min

10. 車麩の角煮丼

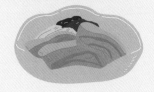

ごはん　お茶碗 2 杯
車麩　3 枚
青梗菜　1 株
片栗粉　適量
食物油　大さじ 1.5
A 水　200ml
A 醤油　大さじ 2
A 砂糖　大さじ 1
A みりん　大さじ 1
A すりおろし生姜　小さじ 1

材料（2 人前）30min

11. ゴロゴロ野菜のヴィーガンボロネーゼ

パスタ　2 人分
厚揚げ　1/2
玉葱　1/2
トマト缶　1/2 缶
ズッキーニ、茄子、人参など　適量
塩　少々
トマトケチャップ　適量
ソース　適量
ニンニク　1 かけら
オリーブオイル　適量

材料（2 人前）30min

12. 塩麹のさっぱり焼きそば

生麺（動物性不使用）　1 玉
水　50ml
塩麹　大さじ 1
野菜だしの素　小さじ 1
お好みの具材　適量
すりごま　少々

材料（1 人前）20min

13. カボチャスパイスカレー

にんにく　2 片
ショウガ　にんにくと同量
玉ねぎ　1 玉
A クミン　小さじ 1
A コリアンダー　小さじ 1
A ターメリック　小さじ 1
A 塩　小さじ 1
B 豆乳　200ml
B トマト缶　1 缶
カボチャ　200g

材料（4 人前）40min

14. カレーピラフ

にんにく　3かけら
オリーブオイル　大さじ3
カレーパウダー　大さじ1
パプリカパウダー　小さじ1
クミン　小さじ1/2
ターメリック　小さじ1/2
ガラムマサラ　お好み
玉ねぎ　小1つ
人参　小1本
コーン缶　1/2カップ
ひよこ豆（水煮）　1/2カップ
グリーンピース冷凍　1/2カップ
塩こしょう　適量
お米　1合
ケチャップ　大さじ1

材料（2人前）20min

15. ペペロンチーノ

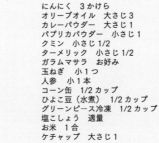

パスタ　1束
オリーブオイル　大さじ3
ニンニク　1かけら
唐辛子　1本
塩　大さじ3
こしょう　お好み

材料（1人前）15min

16. 納豆と春菊のピリ辛チャーハン

納豆　1パック
春菊　4〜5本
ご飯　お茶碗2杯
顆粒昆布だし　小さじ1/2
豆板醤　小さじ1
醤油　少々
塩　適量
ごま油　大さじ1

材料（1人前）15min

17. アボカドクリームパスタ

パスタ　1人分
アーモンドミルク　150g
アボカド　100g
にんにく　1/2かけら
オリーブオイル　適量
味噌　10g
塩麹　小さじ1/2
黒こしょう　少々

材料（1人前）30min

18. 米粉グルフリ大豆そぼろピザ

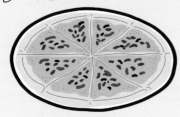

米粉　350g
ベーキングパウダー　小さじ1
水　250〜300cc
油　大さじ3
大豆ミートそぼろ味つき　適量
お好みの野菜　適量
ケチャップ又はマヨネーズ（卵なし）適量
お好みでカレー粉など　少々
お好みのとろけるチーズ　少々

材料（3人前）30min

19. ほうれん草スパイスカレー

にんにく　2かけら
ショウガ　2かけら
玉ねぎ　1玉
Aクミン　小さじ1
Aターメリック　小さじ1
Aコリアンダー　小さじ1
A塩　小さじ1
B豆乳　200ml
Bほうれん草　1束
Bカットトマト缶　1缶

材料（4人前）40min

〈これってヴィーガン？〉

Hello vegan!

乳製品・乳化剤・植物性油脂のお話

ヴィーガンの生活をしていると、「これってヴィーガン？」と疑問を抱くことがよくあります。
そこで、このコラムでは、よくある3つの疑問についてまとめてみました。

Q「原材料名に書いてある乳製品って？」

ヴィーガンだと思って手に取った商品。
原材料を見てみると（乳製品を含む）やアレルギー物質の欄に乳と書かれている
ことが多いですよね。

この表記は、コンタミネーション表示であり、アレルギーのある方への配慮の場
合があります。コンタミネーションとは、商品を生産する際に、原材料として使
用しないにも関わらずアレルギー物質が微量混入してしまうこと。

同じ製造ラインで、別の商品を生産していると混入する可能性があるのです。

原材料を見て、
「乳製品を使用しているって書かれてる…けどなにに使われてるの…？」
と疑問に思う場合、コンタミネーション表記かもしれません。

もちろん、実際に使用しているから記載されている場合もありますが、チョコ
レートなどを買う際にそれを理由に諦めているのなら、一度企業に問い合わせて
みるのが一番です！

Q 「植物油脂はヴィーガン？」

植物油脂、つまり、植物由来の油。

植物油脂は、パーム油という油の場合が多くあります。
アブラヤシ（ヤシ科植物）から取れるパーム油は、同じヤシ科でも、ココナッツオイルとは全く別物。
聞き馴染みがない方もいるかもしれませんが、日本人も年間で約4~5キロほどパーム油を摂取しているのです。

パーム油は、固めたり液体にしたりもできて便利。そして価格が安いというメリットがありますが、ヴィーガンの人が避けることもあります。
その理由は、環境問題に繋がっているためです。

アブラヤシの育ちやすい環境が熱帯気候であるため、熱帯雨林の伐採の原因になっています。既にオランウータンの生息地の多くが奪われているなど、他にも希少な種である動物が絶滅の危機に陥っています。

しかし、植物油脂は多くの食品に含まれているため、完全に避けることは難しいかもしれません。まずは、なるべくどんな油を使用している商品なのか、という確認をしてから買うことを心がけてみましょう。

Q 「乳化剤ってなに？」

乳化剤は「乳」という文字がついているため、乳由来原料を使用していると勘違いされてしまうことがあります。
しかし、乳化剤に乳由来原料が含まれているとは限りません。
乳化剤の由来原料は様々で、卵、大豆、ショ糖（砂糖）、昆布、柑橘類、油脂各種など。

そもそも乳化とは、水と油のように本来は混じり合わないものが、混じり合う現象のこと。
食品に乳化剤を使用する目的は、なめらかな食感や風味の改善、分散効果、消泡効果などです。乳由来の乳化剤ももちろんありますが、大豆由来などの場合もあるため、乳化剤と記載されている商品の裏を見て、肩を落とさないでください！
どのような乳化剤が使われているかについては、企業にお問い合わせするのが確実です。

間違いなしの美味しさ

20. 大豆ミート唐揚げ

🕐 調理時間 20min

材料（2人前）

大豆ミート（ブロック） 100g
A すりおろしにんにく 大さじ1
A すりおろし生姜 大さじ1
A 醤油 大さじ5
A みりん 大さじ1
片栗粉 適量
揚げ油 適量

●タルタルソース
ひよこ豆 1缶（約440g）
玉ねぎ 1/4玉
豆乳マヨ 大さじ7
乾燥パセリ 適量
塩こしょう 少々
砂糖 小さじ1
ケチャップ 小さじ1
りんご酢 大さじ1/2

作り方

① 大豆ミートを湯戻しし、しっかり水切りをする。

② Aを混ぜて、大豆ミートに下味を漬けておく。

③ 下味を付けた大豆ミートを軽く絞り、片栗粉をしっかりまぶす。

④ フライパンに薄く広がるくらいの油で揚げ焼きにする。

⑤ 両面がきつね色になったら、火を中火まで落としてフライパンで炒めるようにしてかりっと仕
上げ、レモンを添えて完成！

●タルタルソース

⑥ 水切りしたひよこ豆をしっかりマッシュする。

⑦ みじん切りにした玉ねぎ、調味料を全てを混ぜ合わせて完成！

レシピ協力者

Lisa さん

アメリカ、カリフォルニア州で家族四人でヴィーガンライフを送っているLisaです。
お料理が好きでインスタグラムを中心に、普段のお家ご飯や子供ご飯、手作りおやつ
などを栄養素なども踏まえながらシェアさせて頂いております。

ワンポイント！
手順⑤のあと、大豆ミートはそのままに、フライパンから油を軽く拭き取り火にかけ、以下の材料をいれてトロミ
がつくまで煮詰めて絡ませると南蛮味付けになります！
お醤油 大さじ3・てんさい糖 大さじ3・お酢 大さじ4

人気のおかず！子どもも大人も大喜び！

21. ハンバーグ

🕐 調理時間 20min

材料（2人前）

大豆ミート（ミンチ） 60g

椎茸　4個

人参　1/2本

ピーマン　1/2個

A 塩　小さじ1/2

A こしょう　少々

A 豆乳マヨネーズ　大さじ1

A 顆粒出汁　小さじ1

B 小麦粉又は米粉 大さじ1/2

B 片栗粉　大さじ1/2

B パン粉（動物性不使用） 1カップ

油　適量

作り方

① 大豆ミートを湯戻しし水を切っておく。

② 野菜をみじん切りにし、油を引いたフライパンで炒め、塩をふる。

③ 大豆ミートとAの調味料を揉み、②とBを加えて、お好みの大きさに成形する。

④ フライパンに油を引いて弱火で熱し、整形した③を入れてフタをする。

⑤ 両面5~7分ほど焼いて、最後に強火で焼き色をつけて完成！

レシピ協力者

里美 さん

シンガーの里美です。小学5年から菜食を始め、YouTube/SNS(@satomi715)では
心を癒す歌やヴィーガン＆サステナブルライフを発信しています。
ヴィーガン料理の楽しさがこの本を通して皆さんに伝わりますように！

ワンポイント！

お好みで大葉や大根おろしを乗せたり、ポン酢をかけてアレンジして楽しんでください！

パンに添えてタンパク質をプラス！

22. 豆腐スクランブル

🕐 調理時間 15min

材料（2人前）

木綿豆腐　1丁（約400g）
玉ねぎ　1/2玉
油　大さじ1
塩　適量
酒　小さじ1
醤油　小さじ1/2
ターメリック　小さじ1/4
こしょう　少々

作り方

① 木綿豆腐をキッチンペーパーや布巾で包み、重しを乗せて10分ほど水切りする。

② 玉ねぎをみじん切りし、油を引いたフライパンに塩ひとつまみと共にしんなりとするまで中火で炒める。

③ 水切りした豆腐をちぎって、酒と塩ひとつまみと共にフライパンに加え、全体の水気を飛ばすように炒める。

④ 小さな器にターメリック、醤油、水をよく混ぜ合わせ、フライパンに回し入れ、全体をよく混ぜ合わせる。

⑤ 塩こしょうで味を調整したら、お皿に移し完成！

レシピ協力者

Chika さん
ナチュラルフードコーディネーター。妊娠期もヴィーガンで過ごし、娘も生まれた時からヴィーガン。主に海外のレシピが好きで、Instagramの @oishivegetarian に日々の食事などをポストしています。

ワンポイント！
手順④でにんにくパウダーを小さじ1/4加えると更に美味しくなります！

ご飯がススム！生姜のきいた甘辛だれ！

23. 油揚げの生姜焼き

🕐 調理時間 20min

材料（2人前）

油揚げ　2枚
玉ねぎ　1/2玉
舞茸　1パック
A 醤油　大さじ1
A メープルシロップ　大さじ1
A みりん　大さじ1
A すりおろし生姜　小さじ2
A 片栗粉　小さじ2

作り方

① 油抜きした油揚げを短冊切り、玉ねぎを薄切り、舞茸をほぐす。

② 熱したフライパンに油を引き、玉ねぎと舞茸を炒め、しんなりしてきたら油揚げも入れ軽く
　炒める。

③ Aを別容器で混ぜ合わせ、弱火にして具材と絡めながら炒めて完成！

レシピ協力者

HANAKO さん

ヴィーガン歴2年半、食欲旺盛な一児の母です。自炊はいかに手抜きで美味しいもの
が作れるかを日々探求中。ヴィーガンに興味がある方の参考になればと、YouTube や
インスタで私なりのヴィーガン生活の様子を発信しています。

罪悪感ナシのガッツリ中華！

24.ヴィーガン餃子

🕐 調理時間 50min

材料（2人前）

餃子の皮
大豆ミート（ミンチタイプ）150g
なたね油　70ml
A キャベツ　140g
A にら　30g
A にんにく　2かけら
A 生姜　1かけら

B 醤油　大さじ1
B 昆布出汁　スティック1本
B 酒　小さじ1
お湯　適量

作り方

① 大豆ミートを湯戻しし、水気を切る。

② フライパンでなたね油を熱し、大豆ミートを揚げ焼きにする。

③ Aをみじん切りにし、②の大豆ミートとなたね油を入れ、よく混ぜる。

④ 餃子の皮で包む。

⑤ フライパンに並べ、水または水溶き片栗粉を入れて焦げ目がつくまで焼く。

⑥ Bの材料を混ぜて、餃子にかけて完成！

レシピ協力者

まみこ さん
普段はバレエダンサーとしてヨーロッパで働いています。和食をはじめ、エスニック料理が好きです。SNSを通じてできるだけ多くの方に、健康で美味しいヴィーガン料理やスイーツを共有し、ヴィーガンを広めていきたいです。

身体が喜ぶほっこり優しい味

25. 豆乳塩麹シチュー

🕐 調理時間 25min

材料（2人前）

白菜　1/4 個
さつまいも（中）1 本
舞茸　2 パック
水　500cc
豆乳　500cc
米粉　大さじ 3
野菜ブイヨン　小さじ 1
塩麹　大さじ 3

作り方

① 白菜は 5cm 幅ざく切り、さつまいもは皮付きのまま 8mm 厚さに切り、舞茸は小房に分ける。

② 鍋に水、野菜ブイヨンを入れ、さつまいも、白菜の芯、白菜の葉、舞茸の順に入れて、中火
　 にかける。

③ 沸騰したら蓋をし、蓋の隙間から蒸気が上がったら弱火にして 10~15 分蒸し煮にする。

④ 豆乳に米粉を加えてよく混ぜ合わせておく。

⑤ 野菜に火が通ったら、④と塩麹を加えてよく混ぜ合わせ、沸騰直前まで中火で温めたら完成！

レシピ協力者

akicoco さん

マクロビオティックセラピスト ®/ マクロビオティックマイスター / ベジタブル＆フ
ルーツアドバイザー / 食品衛生責任者
身体が喜ぶ優しい味のマクロビベースのレシピをお届けします！

ワンポイント！
野菜ブイヨンがない場合は、だし昆布 10cm 角、塩麹がない場合は 味噌大さじ 4 で代用できます！

たっぷり野菜とトマトの旨み！

26. 豆腐ボロネーゼ

🕐 調理時間 30min

材料（3-4 人前）

木綿豆腐　200g
A オリーブオイル　大さじ2
A 塩　2つまみ
A こしょう　少々
B 玉ねぎ（小）1 玉
B 人参（小）1 本
B にんにく　3 かけら

オリーブオイル　大さじ1
水　大さじ2
C トマト缶　200ml
C ひよこ豆（缶詰）　1 缶（約 440g）
C 味噌　大さじ1.5
C ケチャップ　大さじ3
C 料理酒　大さじ2
C 塩こしょう　適量

作り方

① フライパンにAと、水切りした豆腐を手でほぐしながら入れて、強火でこんがりするまで炒めて
　 皿に出しておく。
② B を全てみじん切りにする。
③ 同じフライパンにオリーブオイルと水と B を加えて、中火で 10 分ほど炒める。
④ C を加えて中火で 5 分炒め、炒めた豆腐を加えてさらに数分炒めたら完成！

レシピ協力者

まみこ さん
普段はバレエダンサーとしてヨーロッパで働いています。和食をはじめ、エスニック
料理が好きです。SNS を通じてできるだけ多くの方に、健康で美味しいヴィーガン料
理やスイーツを共有し、ヴィーガンを広めていきたいです。

ご飯を無限におかわりできます！

27. 麻婆茄子

🕐 調理時間 40min

材料（2人前）

茄子　中2本
大豆ミート（ミンチ）　50g
にんにく　1かけら
生姜　1かけら
長ネギ　1本
ごま油　大さじ2

A 豆板醤　大さじ1
A 輪切り赤唐辛子　1本
A クミンパウダー　小さじ1
B 出汁　2カップ
B 味噌　大さじ1
B 醤油　大さじ1

水　大さじ3
片栗粉　大さじ3
塩　少々

作り方

① にんにくと生姜はみじん切りに、長ネギは白い部分を20cm程度みじん切りにし、残りは
　斜め切りにする。

② フライパンにごま油を引き、①とAの材料（斜め切りの部分は除く）を入れ弱火でじっくり
　炒める。

③ ネギが透き通ってきて全体的に照りが出たら、茄子を加えて炒める。

④ 茄子に火が通ってきたらBと斜め切りにした長ネギ、大豆ミートを加え、蓋をして煮る。

⑤ 全体的に火が通ったら水溶き片栗粉でとろみをつけ、塩で味を整えて完成！

レシピ協力者

Veggical Kitchen さん

Veganというライフスタイルを送ってます。不器用日本代表とも言える私でも作れる、
簡単で美味しい菜食料理をブログでご紹介。プラントベースな食生活は心も身体も軽
くなるので多くの人にオススメですよ！

やみつき間違いなし！簡単で美味しい1品！

28. ニラだれ

🕐 調理時間 10min

材料（2人前）

ニラ　1束
醤油　大さじ2
みりん　大さじ2
砂糖　大さじ1/2
酢　大さじ1
ゴマ油　大さじ1
塩　3つまみ

作り方

① ニラを5mm幅に刻み、塩をふりかけ、もみ込む。

② そこに他の全ての材料を加えて、なじませれば完成！

レシピ協力者

みみこ さん

動物大好き、みみこと申します。毎日の事なのでもちろん、今日はお料理面倒だなと
感じる日もありますが、やっぱり物作りは楽しいですね。楽しく作って美味しく頂く
毎日を心がけています。

お酒のおつまみにも

29. アボカド中華ディップ

🕐 調理時間 10min

材料（2人前）

アボカド　1個
トマト（中）1個
ネギ　約10cm
ゴマ油　大さじ1
醤油　小さじ1
塩　小さじ1
砂糖　3つまみ
こしょう　少々

作り方

① トマトは約5mmの角切り、ネギはみじん切りにしておく。

② アボカドをボウルの中でペースト状につぶし、①と他の調味料を全て加えて、混ぜたら完成！

レシピ協力者

みみこ さん

動物大好き、みみこと申します。毎日の事なのでもちろん、今日はお料理面倒だなと
感じる日もありますが、やっぱり物作りは楽しいですね。楽しく作って美味しく頂く
毎日を心がけています。

ワンポイント！
クラッカーや野菜につけて楽しめます！蒸したブロッコリーにつけて食べるのもオススメです。

お財布に優しいお豆腐蒲焼き！

30. うなぎもどき

🕐 調理時間 20min

材料（2人前）

●うなぎ	●タレ
木綿豆腐　1丁	だし汁 大さじ3
ごぼう　150g	醤油 大さじ3
大和芋　150g	みりん 大さじ2
片栗粉　大さじ1~2	酒 大さじ1
塩　1つまみ	砂糖　大さじ3
海苔　1/2枚	
油 適量	

作り方

① ごぼうと大和芋を摺り下ろし、混ぜる。

② 潰した豆腐と、塩、片栗粉を加えて生地をまとめる。

③ 皮部分にする海苔をうなぎサイズに切り、まとめた②を乗せる。

④ フライパンに油を引き、揚げ焼きにする。

⑤ タレの材料を煮詰め、うなぎにかけて完成！

レシピ協力者

スマベジ さん

東京のヴィーガングルメを紹介するブログ「スマベジ」を運営しています。
美味しいものが大好きです！
家ではもっぱらズボラご飯です。

ワンポイント！
海苔にしっかり乗る粘度になるように、水分量によって片栗粉で調節するのがポイントです。

ルワンダの味を自宅で！

31. 人参のトマト味噌煮込み

🕐 調理時間 15min

材料（2人前）

人参　1本
トマトピューレ　50cc
味噌　大さじ1
菜種油　大さじ1/2

作り方

① 人参は約1cmの粗い細切りにし、菜種油を鍋で2分強火で炒める。

② 味噌とトマトピューレを加え、弱火に10分かけて煮込んだら完成！

レシピ協力者

椎葉 康祐 さん

アフリカ・ルワンダに10回渡航。
国内外を旅しながら2年間、日本の発酵食をベースとしたVegan（動物性不使用）料理を紹介する料理会を主催。2019年5月より、地元宮崎でVegan料理活動開始。「宮崎玄米ベジ弁当」を宮崎市内中心に配達。

ワンポイント！

焦げ付かないように、途中で鍋をかき混ぜるのがポイントです！

みんな大好き、優しく懐かしい味

32. ポテトサラダ

🕐 調理時間 20min

材料（4人前）

じゃがいも（中）4個
人参　1/3
コーン　お好み
玉ねぎ（中）1/4
きゅうり 1本

A 酢　大さじ2
A 塩こしょう　適量
B 豆乳マヨネーズ 大さじ3
B 醤油　大さじ1

作り方

① じゃがいもを茹でる。

② 人参をいちょう切り、きゅうりを輪切りにして塩揉みして数分放置する。

　　玉ねぎは薄くスライスして塩水にさらすか、固く絞っておく。

③ 茹で上がったじゃがいもの皮を剥いて潰し、Aと②の野菜を全て入れて混ぜ合わせる。

④ 人肌程度になったら、Bを加えて混ぜ合わせて完成！

レシピ協力者

Lisa さん

アメリカ、カリフォルニア州で家族四人でヴィーガンライフを送っている Lisa です。
お料理が好きで Instagram を中心に、普段のお家ご飯や子供ご飯、手作りおやつなど
を栄養素なども踏まえながらシェアさせて頂いております。

ワンポイント！
お酢をアップルサイダービネガーで作ったり、大人の方は仕上げにブラックペッパーをかけると
さらに美味しいです！

33. おからこんにゃくの唐揚げ

おからこんにゃく　1袋
A　醤油　大さじ3
A　みりん　大さじ3
A　ニンニク　1かけら
A　しょうが　1かけら
B　醤油　大さじ2
B　酢　大さじ2.5
B　砂糖　大さじ3
B　野菜の捨ててしまう部分　少々
片栗粉　適量

材料（2人前）30min

34. アボカドの冷製ポタージュ

アボカド　1個
ヴィーガン中華だし　1袋
レモン汁　大さじ1
豆乳　300cc

材料（2人前）10min

35. キャベツとえのきのピリ辛春巻き

キャベツ　小さめ1/4
えのき　1/2パック
しょうが　1かけ
味噌　大さじ1.5〜2
豆板醤　小さじ2
すりゴマ　小さじ2
塩　1つまみ
春巻きの皮　8-10枚

材料（1人前）10min

36. ごぼうとナッツのベジ田作り

ごぼう　1本
ナッツ　40g
本みりん　大さじ3
醤油　大さじ1弱
アガベシロップ　大さじ1
炒りごま　大さじ1

材料（1人前）10min

37. 長芋のめんつゆ和え

長芋　100g
めんつゆ（昆布出汁）　大さじ2
梅干し　2個
A　きざみのり　少々
A　白ごま　少々

材料（2人前）10min

38. テンペの照り焼き

テンペ　お好み
A　醤油　大さじ2
A　酒　大さじ2
A　みりん　大さじ2

材料（2人前）10min

39. ヴィーガンキムチ

白菜　1.6kg
塩　70g
ねぎ　70g
人参　70g
しょうが　15g
にんにく　15g
韓国唐辛子粉　30g
甘酒原液　150g
えのき　100g

材料（白菜 1 玉分）
90min

40. ひよこ豆のハンバーグ

ひよこ豆　350〜400g
玉ねぎ　1/2 個
カシューナッツ　1/3〜半カップ
小麦粉 or 米粉　大さじ3
オリーブオイル　大さじ2
塩　小さじ 1/2
粗挽き黒コショウ　6 ふり
長芋　3cm

材料（1 人前）20min

41. ゴボウの甘辛炒め

ゴボウ　1 本
片栗粉　適量
胡麻油　適量
醤油　大さじ1
味醂　大さじ1
酢　大さじ1
砂糖　大さじ1
鷹の爪　適量

材料（2 人前）10min

42. 油揚げの生姜そぼろ

油揚げ　1 枚
根生姜　適量
水　小さじ1
みりん　小さじ1
醤油　小さじ1

材料（2 人前）5 min

43. ポテトコロッケ

じゃがいも　300g
たまねぎ　100g
塩　小さじ 1/2
こしょう　少々
おからパウダー　適量
水溶き小麦粉　適量
米油（揚げ油）　適量

材料（2 人前）60min

44. 大根餅

大根　200g
米粉　30g
粉豆腐（高野豆腐の粉）　15g
大根葉　少量
ごま油　適量
醤油　大さじ1
みりん　大さじ1
酒　大さじ1

材料（2 人前）25min

45. 豆腐の磯辺焼き

堅めの豆腐　1丁
A 醤油　大さじ1
A 酒　大さじ1
A みりん　大さじ1
A 砂糖　大さじ1/2
A 生姜　1片すりおろし
A ニンニク　1片すりおろし
A 水　大さじ3
海苔　　3枚
片栗粉　　適量

材料（2人前）40min

46. ミネストローネ

水　600ml
オリーブオイル　大さじ2
にんにく　大きめ1かけ
じゃがいも　1個
たまねぎ　1個
にんじん　1本
キャベツ　1/4玉
セロリ　1本
カットトマト缶　1缶
粉末野菜ブイヨン　1本
ケチャップ　大さじ2
塩　小さじ1/2
粗挽きこしょう・パセリ　適量

材料（2人前）15min

47. 凍りこんにゃくの焼肉風

こんにゃく　1枚
にんにく　1かけ（すりおろし）
酒　大さじ2
醤油　大さじ1
片栗粉　大さじ3
ごま油　大さじ1
焼肉のたれ、刻みネギ、粉唐辛子　適量

材料（1人前）15min

48. 野菜ごま豆乳鍋

大根　1/2本
にんじん　中2本
えのき　1袋
白ねぎ　1本
あぶらあげ　大1枚
乾燥昆布　1つ
白ごま　大さじ3
みそ　大さじ1弱
豆乳　200ml くらい
みりん　適量
醤油　適量

材料（3～4人前）15min

49. 菜食おでん

お好きな出汁　1L
酒　50cc
薄口醤油　75cc
塩　小さじ1.5
砂糖　大さじ1
具の野菜　お好み

材料（1人前）60min

50. 大豆ミートと根菜の甘辛炒め

大豆ミート（フィレ）　45～50g
れんこん　150g
ごぼう　1本
片栗粉 または 米粉　大さじ2
淡口醤油　大さじ4
みりん　大さじ3
酒　大さじ3
きび砂糖　大さじ2
りんご酢 または 酢　大さじ1
生姜千切り　お好み

材料（2～3人前）30min

51. 高野豆腐のチンジャオロース

高野豆腐　1袋(6枚)
ピーマン　4個
赤ピーマン　2個
玉ねぎ　1個
にんにく　2かけら
ごま油　大さじ2
葛粉　適量
A 昆布だし　大さじ3
A 醤油　大さじ1
A 味噌　小さじ2
A 生姜　1片

材料（4人前）40min

52. エリンギと厚揚げのエビチリ風

エリンギ　1パック
厚揚げ　2枚
A 生姜・にんにく　適量
A 玉ねぎ　1個
A 豆板醤　小さじ2
B 昆布出し　150ml
B ケチャップ　大さじ3
B 砂糖　大さじ1/2
水溶き片栗粉　適量
ごま油　適量

材料（3人前）20min

53. アスパラきり麩巻き焼き

アスパラガス　4本
きり麩　8個
オリーブオイル　適量
ニンニク　適量
醤油　こさじ1/2半分
みりん　こさじ1
胡椒　適量

材料（2人前）20min

54. 野菜たっぷり米粉のもんじゃ

米粉　30グラム
水　400CC
ウスターソース　大さじ1
醤油　大さじ2
粉末昆布だし　小さじ1
キャベツ　300g
ネギ　1つかみ
揚げ玉　1つかみ
おもち　お好み
インスタントラーメンの麺　お好み

材料（2人前）20min

55. 春野菜の玄米豆乳リゾット

玄米ごはん　お茶碗2杯
水　300〜400cc
成分無調整豆乳　100cc
野菜ブイヨン　小さじ1
塩麹　大さじ1
麹味噌　小さじ1
粗挽きこしょう　少々
ココナッツオイル　大さじ2
新玉ねぎ　1/2個
菜葉　1束
空豆　4鞘
アスパラ　4本

材料（2人前）20min

56. ポルチーニ茸の玄米豆乳リゾット

乾燥ポルチーニ茸　20g
野菜コンソメ　1袋
ヴィーガンデミグラスソース　大さじ2
玄米ごはん　お茶碗1杯
ポルチーニソース　大さじ3
豆乳　50cc
インスタントカシューチーズ　適量
舞茸　適量

材料（1人前）90min

お肉の代わりになるものは？

Hello vegan!

お肉の代わりに〇〇ミート?! のお話

ヴィーガンの生活をしていても
満足感の得られる食材選びと調理のコツをご紹介いたします。

Q「お肉の代わりになる食材って?」

「お豆腐」

水切りしてそぼろ風にしたり、照り焼き風に焼いたり、餃子やハンバーグにも使うことができます!

「厚揚げ」

スーパーで簡単に手に入る厚揚げは、炒め物や丼に使用することでボリューム感が得られます!

「お麩」

お麩は、ヴィーガン料理を作る上で非常に便利な食材です。衣をつけてカツ、細かく崩してハンバーグにも使えます!

Q「大豆ミートってなに?」

お肉の代用品として注目されている「大豆ミート」。種類も豊富で、食感や味もまるでお肉のような商品がたくさんあります。

種類

▶レトルトタイプ・・・そのまま使えて手軽
▶乾燥タイプ・・・長期保存に適している

特徴

お肉と変わらないたんぱく質量
植物性たんぱく質なのでコレステロールフリー。そのうえ、動物性食品には含まれない食物繊維が豊富に含まれています。

調理器具の洗い物が楽
油のべたつきや細菌の心配も少なく、洗い物にかかる時間が短縮されます。

常温保存可能
乾燥タイプ、パウチタイプは常温での保存が可能で常備しておくことができます。

Q「大豆ミートの料理のコツは?」

料理のお悩み解決!

「食感がいまいち」
乾燥タイプの場合は、中心まで柔らかくなるよう、水(またはお湯)にしっかりと浸す。

「大豆臭い...」
"水に浸ける→絞る"の工程を複数回行う。良く絞り、水洗いする。
下味をしっかりとつけ、味を染み込ませるのもポイントです。

「ぼろぼろと崩れてしまう」
良く絞るとはいえ、崩れない程度に丁寧に。
お湯の温度が高すぎると表面が溶け、崩れる原因となります。

アレンジ自在！スイーツやソースにも使えます

57. 豆乳チーズ

🕐 調理時間 10min

材料（2人前）

成分無調整豆乳大豆成分 10% 以上
600cc
レモン汁　大さじ 6
お好みで
自然塩　少々

作り方

① レモンは絞って種をのぞいておく。（レモン2個で約大さじ6）

② ボウルに成分無調整豆乳とレモン汁を入れてよく混ぜ合わせる。

③ キッチンペーパーかガーゼを敷いたザルを別のボウルに重ねて、①を注いで冷蔵庫で水切りをする。

④ 4~6 時間でクリームチーズくらいの滑らかさ、一晩しっかり水切りするとカッテージチーズ風に完成！

レシピ協力者

akicoco さん

マクロビオティックセラピスト ®/ マクロビオティックマイスター / ベジタブル & フルーツ
アドバイザー / 食品衛生責任者
身体が喜ぶ優しい味のマクロビベースのレシピをお届けします！

食べたい時に好きな分だけ！添加物の心配なし！

58. めんつゆ

🕐 調理時間 10min

材料（2人前）

醤油　100cc
みりん　80-100cc
顆粒だし　10g
砂糖　小さじ 1/2

作り方

① みりんをお鍋に入れて 30 秒くらい軽く沸かす。

② 醤油を入れて、20~30 秒煮立たせる。

③ 顆粒だしと砂糖を入れて、溶けたら完成！

レシピ協力者

 山﨑 由華 さん

YouTube や Instagram で情報発信をしているヴィーガンインフルエンサーの山﨑由華
です！カナダの大学で栄養学を学んでいるうちに、それまでの食生活を疑うようになり、
2016 年にヴィーガン生活を始めました。今ではより多くの方にヴィーガン生活を身近に感
じてもらえるよう、簡単に安く美味しくできる料理を中心に発信しております♪

ワンポイント！

かけつゆは、約 5 倍希釈。つけつゆは、約 3 倍希釈。手順②で保存すれば、かえしになります。

サラダがより美味しく鮮やかに！栄養満点ドレッシング！

59. 人参ドレッシング

🕐 調理時間 10min

材料（2人前）

人参　1本
玉ねぎ　1/4個
醤油　50ml
酢　50ml
オリーブオイル　50ml
砂糖　大さじ2
みりん　大さじ1

作り方

① 人参と玉ねぎを摺り下ろし、全ての材料と混ぜ合わせたら完成！

レシピ協力者

HANAKO
ヴィーガン歴2年半、食欲旺盛な一児の母です。自炊はいかに手抜きで美味しいもの
が作れるかを日々探求中。ヴィーガンに興味がある方の参考になればと、YouTube や
Instagram で私なりのヴィーガン生活の様子を発信しています。

家にある物で簡単味変！

60. 胡麻油のさっぱりドレッシング

🕐 調理時間 5min

材料（2人前）

醤油　大さじ 1.5
酢　大さじ 1
砂糖　大さじ 1/2
ごま油　大さじ 1/2
いりごま　適量

作り方

① 全ての材料を混ぜ合わせたら完成！

レシピ協力者

HANAKO

ヴィーガン歴 2 年半、食欲旺盛な一児の母です。自炊はいかに手抜きで美味しいもの
が作れるかを日々探求中。ヴィーガンに興味がある方の参考になればと、YouTube や
Instagram で私なりのヴィーガン生活の様子を発信しています。

ガツンと♪万能甘辛焼肉のタレ

61. 甘辛焼肉のタレ

🕐 調理時間 10min

材料（2人前）

濃口醤油　大さじ 3
メープルシロップ　大さじ 2
味噌　小さじ 2
米酢　小さじ 1

すりおろし生姜　小さじ 1/2
すりおろしにんにく　小さじ 1/4
白いりごま　小さじ 1
ごま油　大さじ 1

作り方

① 全ての材料と混ぜ合わせたら完成！

レシピ協力者

erico さん

京都在住・ベジタリアン料理家　一般社団法人 Neo ベジタリアン代表理事
マクロビオティック望診法指導士　『Neo ベジタリアン料理ディプロマコース』主催
２３歳と６歳の息子・夫との４人家族
neovege.com

62. バジルソース

バジル　握りこぶしくらい
油 100cc 以上
にんにく　2〜3 かけら
塩こしょう　少々

材料（2人前）10min

63. 自家製ピーナッツバター

殻付き落花生　300g
塩　1つまみ
きび砂糖　大さじ2
米油　大さじ1

材料（ジャム瓶約1個分）60min

64. フムス

ひよこ豆（水煮）　200g
レモン汁　大さじ1
植物油　大さじ1
塩　お好み

材料（2人前）5min

65. 練乳風麹甘酒ペースト

市販甘酒　1パック

材料（作りやすい量で）15min

66. 豆乳マヨネーズ

豆乳　10g
植物油　25g
酢　2〜3g
塩　1つまみ
砂糖　お好み

材料（2人前）5min

67. 田楽味噌

甜面醤　20g
酒　大さじ1
みりん　大さじ1/2
くるみ　10g

材料（1人前）10min

Hello Vegan! Interview

「ヴィーガンをはじめた理由はなんですか？」そんなきっかけのお話から

日々の過ごし方、考え方。ヴィーガン生活を送っている 2 人にお話を伺いました。

1

ベジ YOUTUBER

HANAKO さん

肉抜きダイエットをきっかけに、2018 年からヴィーガン生活を開始。
ヴィーガン料理や生活をはじめ、一児の母のリアルを YouTube にて発信する。

勘違いからヴィーガン生活へ ?!

―― 早速ですが、HANAKO さんがヴィーガンをはじめた理由は
なんですか？

ある日、遺伝子検査を受けてみたら脂質で太る体質だと分かっ
たんです。
脂質っぽいものといえばお肉！と思い、最初はダイエット目的
でお肉を食べなくなりました。今思えば、脂質はお肉だけでは
ないんですけどね（笑）。
そんな勘違いから始めたベジ生活ですが、色々と調べているう
ちに『アースリングス』というドキュメンタリーに出会い、
畜産動物などの扱われ方を目の当たりにしました。それから、お肉だけではなく卵や牛乳なども食
べなくなり、ヴィーガンを始めました。

―― 勘違いがきっかけだったんですね！
お肉を食べなくなる前と後で何か変わりましたか？

一番変化を感じたのは、お肉を食べなくなった最初の 2 週間です。
もともとメンタルが不安定だったんですが、お肉を食べなくなってポジティブになったように思い
ます。個人差があると思いますが！
あと、年に 2 回くらい風邪を引いていたんですが、ヴィーガン生活を始めてからなくなりました。
ただ「大病が治った！」のような大きな変化はなかったです。そして、ダイエットの効果も確かに
ありましたが、お米やパンばかり食べていれば太ります。実際、産後に太りました…笑。

ヴィーガンと子育ての悩み。出した結論は？

―― お子さんがいらっしゃるんですね！子育てはどうされていますか？

妊娠中は「ヴィーガンで育てよう」と考えていました。しかし、夫と話し合いをしてヴィーガンでは育てない、という結論になりました。大人でも外食や材料選びが大変な今の日本。息子が友達と外で食べる時に、一人だけ寂しい思いをしてほしくないんです。そんな風に、ヴィーガンとして育てることで色んな可能性を狭めてしまうかなと思い決断しました。
ただ、家族の中で私だけがヴィーガンであることを疑問に思う日が来ると思います。
その時に、なぜ私がその選択しているのかを話して、もし理解し共感してくれるなら一緒にやっていきたいなと思っています。

―― 子育ては本当に難しいところですよね。HANAKOさんも悩んだ末に出された結論だと思います。ご自宅での食事はどうしているんですか？

家での料理は、もともとシンプルなものが多かったんです。その料理に使われていた鰹出汁を昆布出汁に変えたり、カレーのお肉をお豆に変えたり、植物性のもので代替して作っています。例えば味噌汁や炒め物、温野菜など。夫には、ヴィーガン料理に加えて魚料理を作ることが多いです。
最近は「何作ろうかな〜」と思ったらブイクックのInstagramを見て食べるものを決めています。毎日投稿されていて、参考になります！

―― Instagram参考にしてくださりありがとうございます。
話は変わりますが、YouTubeをはじめたきっかけについても教えてください！

最初は、お肉を食べない生活の良さをみんなに知ってもらおうと思ってYouTubeとInstagramを始めました。ヴィーガンになってからは、畜産の裏側などを調べるきっかけになればと、思いは強くなりました。もしかしたら子育て動画を見てヴィーガンについて調べてくれる人がいるかもしれないし、とにかく発信すれば誰か見てくれるかな、と。
最初は知識不足で間違ったことを言って、コメントで指摘を受けて学ぶこともありました。ただ、今では1万人近い人が登録してくれているので、しっかりと調べて発信するように心がけています。考えすぎて発信できなくなる時もありましたが、誰かの参考になる動画をこれからも投稿していきたいと思います！

―― きっとHANAKOさんの動画を見て勉強になったり勇気付いたりしている方も多いと思います。最後に、読者のみなさんにメッセージをお願いします！

ヴィーガンって、やっぱり敷居が高いイメージを持っていたり、野菜だけでは満足できないと思っていたりする人がいると思います。この本には食べ応えのあるヴィーガンのおかずも掲載されているので、最初は半信半疑でも作ってみて「意外と野菜だけでも満足感のあるご飯ができるんだな」と実感してもらえるはずです。
週1回でもヴィーガン料理に置き換えてみると、体に良い変化があるかもしれません。
まずは、あまり難しく考えずに取り入れてみてください！

2

NEO VEGAN YOUTUBER
ゆうきさん

ドキュメンタリー映画をきっかけにヴィーガン生活を開始。 ボディビルの大会
「サマースタイルアワード」準優勝など、健康や筋肉を入り口に情報発信を行う。

きっかけは98%マッチのドキュメンタリー

——早速ですが、ゆうきさんがヴィーガンをはじめた理由はなんですか？

実は、子どもの頃から愛犬と過ごしていたこともあり「犬は可愛くて食べへんのに、なんで牛さんは食べ
るんや？」と、お肉を食べることに疑問を持ってたんです。その時に、母からは生きるためには動物の肉
を食べることが必要と教わり、生きるために仕方がないと切り替えて食べてきました。
そんな中、2年前にヴィーガンというライフスタイルに出会いました。『What the Health』というドキュ
メンタリーを「98%マッチしています」と動画配信サービスにおすすめされて、見たことがきっかけです。
それを見て、お肉などの動物性食品は食べなくても生きていけると知りました。むしろ食べない方が健康
的で環境問題への解決策にもなる。それならなぜ動物は殺されるのか？可哀想やん、という考えから
ヴィーガンをはじめました。

——98%マッチは大当たりでしたね！ヴィーガンをはじめる前と後で変化はありましたか？

それまでは焼肉や寿司を毎日食べる生活で、体がだるくてエンジンがかかるまで時間がかかっていまし
た。しかし、ヴィーガン生活開始から1ヶ月ほどで目覚めてすぐに走り出せるくらい体が楽になったんで
す。他にも肌が脂性だったのが無くなったりと、明らかな変化がありました。そこで、体感としても「ほ
んまに肉って体に必要ないんや」と。
自分に対して神経質で細かい人なので、栄養についても勉強したことで、体調が良くなった。だから、知
識を持って栄養をちゃんと的確に摂れる人がヴィーガンをすると、最強になれると思います。ただ、飲食
店でメニューがなかったり、簡単な商品がなかったりと、ヴィーガン食でしっかりバランス良く栄養を摂
るのはまだ難しいかもしれません。家での食事なら十分できるので、自宅から取り入れてみるのはおすす
めです。

「筋肉つかない」に腹立ちボディビルへ挑戦

——しっかり栄養についても勉強されたんですね！
よくある質問ですが、ヴィーガンでも筋肉はつくので
しょうか？

ヴィーガンを始めたばかりの頃、「肉食わないと筋肉つ
かない」と言われて腹が立っていました（笑）。そんな
人たちでも実際に目で見たものなら信じるだろうと、
ボディビルに挑戦してみました。
トレーニングしてみると、実際、とても筋肉がつくん
です。むしろ、お肉は消化にかなりのエネルギーを使

ギーを使いますが、植物性だとその分を回復に使うことができる。ヴィーガンのボディビルダーが世界一位になったこともありますが、納得しました。だから、ヴィーガンはアスリートにとって最適な食事だと思っています。
実際にボディビルの大会に向けて、半年間で57kgから一度83kgまでもっていき、58kgまで減量することで別人になりました（笑）。
（画像）結果として、3戦中3回の準優勝をおさめることができました。

──この筋肉はすごい...。
ヴィーガンの食生活を送る上で、ゆうきさんはパートナーにヴィーガンを求めますか？

最初は求めてなかったんですが、今は一緒に過ごす上で、食事って大事だと思っています。例えば、お肉が好きな相手だったら、外食の時に我慢させてしまうし、その状況に自分も気を遣ってしまう。どちらかが我慢している関係は長続きしないと知っているので、恋人にヴィーガンは求めることにしました。
相手が我慢していたら不満が溜まって、絶対風当たり強くなってくるので（笑）。それで結婚して、不満が溜まってしまってのヴィーガン離婚だけは避けたいですね。

──確かにお互い我慢はしたくないですね。
これからのヴィーガンは世界的にどうなっていくと思いますか？

マスメディアの力がなくなってきて、反対にネット上でヴィーガンの発信に触れる機会が増えてくると思います。そこで事実を知ってヴィーガンを始める人は、確実に増えてくる。他にも、ヘルシーで美味しいという点でも若者を中心に広がってくると考えています。
ただ、それにはメニューを提供している飲食店が増えないといけないし、時間はかかるでしょうね。そして、美味しさやヘルシーさからヴィーガンの認知が広がる一方、根本の動物や環境の問題を意識するのは更に先になる。
だからこそ、まずはダイエットや健康から発信をはじめ、深い知識も伝えていきたいと思っています。

──まずは知ってもらう機会を作っていくことが大切ということですね。
最後に、読者にメッセージをお願いします！

自分のために食事を変えるのは難しいかもしれないです。
それなら、大切な人のために作ってみてほしい。家で食べる時、あなたの愛情や思いを持って、この本を参考に届けてあげてはいかがでしょうか。
ヴィーガンと健康などをテーマにYouTubeでも発信しているので、ぜひチャンネル登録もお待ちしています！

"ヴィーガン"という一言でもたくさんの考え方や想いからヴィーガン生活を行っているんですね！皆さんも是非お2人の発信を見てみてください！

レンジで簡単！

68. 豆乳プリン

🕐 調理時間 10min（冷やす時間は除く）

材料（2人前）

豆乳　1カップ
砂糖　大さじ 2.5
片栗粉　大さじ 1.5
塩　少々
バニラエクストラクト　約 5 滴

作り方

① 50cc の豆乳と片栗粉を耐熱の容器に入れ、片栗粉がしっかりと溶けきるまでよく混ぜる。

② 残りの材料を加え、さらに混ぜる。

③ 600W の電子レンジで 2 分間加熱する。

④ とろみが均一になるまでかき混ぜ、ザルで濾す。

⑤ 冷蔵庫で 1 晩冷やして完成！

レシピ協力者

mana

mana さん

卵や乳製品を使わないスイーツレシピをブログで紹介しています。身体にやさしく、手軽に作れるレシピをお届けします。マフィン、スコーンなどの焼き菓子をはじめ、アイスクリームやカスタードクリーム等のレシピを掲載しています。
Instagram（@mana_tokyo_）

ワンポイント！
電子レンジを使わない場合は、すべての材料をお鍋に入れ、沸騰し全体にとろみがつくまで混ぜながら加熱し、容器に移して冷蔵庫で 1 晩冷やせば完成です！

お豆腐で濃厚、口どけなめらか

69. ティラミス

🕐 調理時間 20min

材料（2人前）

カカオパウダー　大さじ1

●クリーム
絹豆腐　150g
ココナッツオイル　大さじ3
砂糖　大さじ3
レモン汁　小さじ2
バニラエッセンス　数滴

●ボトム
A ホットケーキミックス（動物性不使用）　大さじ3
A 無調整豆乳　小さじ1
A 油　小さじ1
B インスタントコーヒー　大さじ2
B お湯　大さじ3

作り方

① 豆腐はキッチンペーパーで包み耐熱皿に乗せ、500Wの電子レンジで3分加熱して水切りをしておく。

② オーブンを180℃に予熱しておく。

③ Aをボウルで捏ねて、まとまったら2~3mmに伸ばす。

④ ベーキングシートを敷いた天板に乗せ、180℃のオーブンで8分ほんのりと焼き色がつくまで焼く。

⑤ 適当な大きさに手で砕き容器に敷き詰め、混ぜ合わせたBをまんべんなくかけて冷まして、ボトムの完成。

⑥ クリームの材料を全てボウルに入れ、泡立て器で滑らかになるまで混ぜ合わせる。

⑦ ボトムの上に流し込み、冷蔵庫で1時間以上冷やして固める。

⑧ カカオパウダーを振りかけて完成！

レシピ協力者

Harapeco Vegan さん

『忙しい時こそおいしいごはんでほっこり』をモットーに、思い立ったらすぐ出来る
ヴィーガンごはんとおやつのレシピを Instagram で紹介しています。

ワンポイント！
ボトムを作るのが大変な場合は、市販のビスケットでも代用可能です！

材料3つで簡単スイーツ！

70. かぼちゃドーナツ

🕐 調理時間 15min

材料（2人前）

かぼちゃ　200g
絹豆腐　150g
ホットケーキミックス　150g
水　大さじ1

作り方

① 一口大に切ったかぼちゃを耐熱容器に入れ、水を回しかけ蓋かラップをして600Wの電子レンジで約5分加熱し、よく潰す。

② 豆腐を大きなボウルに入れ泡だて器でクリーミーになるまで混ぜる。

③ ①のかぼちゃを入れてよく混ぜる。

④ ホットケーキミックスを3回に分けて入れて、よく混ぜる。

⑥ 160-170度の油に、大さじ山盛り1杯分の生地を落として、時々ひっくり返しながら約3分揚げて完成！

レシピ協力者　**山﨑 由華さん**

YouTubeやInstagramで情報発信をしているヴィーガンインフルエンサーの山﨑由華です！カナダの大学で栄養学を学んでいるうちに、それまでの食生活を疑うようになり、2016年にヴィーガン生活を始めました。今ではより多くの方にヴィーガン生活を身近に感じてもらえるよう、簡単に安く美味しくできる料理を中心に発信しております♪

ワンポイント！

油で揚げるとドーナツになりますが、生地は変えずにアレンジは自由です！

●フライパンケーキ
生地を薄く広げ蓋をして、弱火で約5分焼いて、ひっくり返して中火で3分焼いて完成！

●蒸しカップケーキ
カップに生地を入れ、600Wの電子レンジで約4分加熱して蒸しカップケーキの完成。

●マフィン
耐熱容器に生地を詰めて、190度で余熱したオーブンで約15分焼いて、マフィンの完成。

アレンジ自在のお手軽デザート

71. 豆腐黒ゴマきな粉アイス

🕐 調理時間 90min

材料（2人前）

絹豆腐　150g
きなこ　15g
黒ごま（すりごま）　10g
塩　ひとつまみ

作り方

① すべての材料をボウルに入れて、泡立て器で思いっきりかき混ぜペースト状にする。

② ボウルごと冷凍庫で 30 分冷やし、凍り始めた部分をこそぎとるようにヘラなどで全体を混ぜる。

③ 30 分冷凍、ヘラで混ぜるを 2,3 回繰り返せば完成！

レシピ協力者　**みみこ さん**

動物大好き、みみこと申します。毎日の事なのでもちろん、今日はお料理面倒だなと感じる日もありますが、やっぱり物作りは楽しいですね。楽しく作って美味しく頂く毎日を心がけています。

ワンポイント！
冷凍庫に入れっぱなしにすると固い塊になるので注意！
また、泡立て器を持っていない人は、ビニール袋に材料全てを入れて手でモミモミしてでも作れます！

混ぜて焼くだけ、型いらず!

72. レーズンクッキー

🕐 調理時間 60min

材料（4個分）

小麦粉　45g

砂糖　30g

ココナッツオイル　30g

豆乳　15g

塩　少々

ドライレーズン　30g

作り方

① すべての材料をボウルに入れ、混ぜ合わせる。

② 冷蔵庫で30分冷やす。

③ 天板にクッキングシートを敷き、スプーンで生地をすくって並べる。

④ 180℃のオーブンで20分焼いて完成!

レシピ協力者　**mana さん**

mana

白砂糖・卵・乳製品不使用のマフィンやスコーンを販売しています。営業日は月に3～
4回程度、不定期です。 Instagram で販売しているお菓子の紹介や詳しい営業日・
時間等の情報を配信しているので是非ご覧ください。

ワンポイント!
ココナッツオイルがない場合は、他のオイルで代用できます!
レーズンの代わりに、ナッツやチョコチップなどでアレンジしてもおいしくお召し上がりいただけます。

バレンタインデーにもぴったり！

73. チョコブラウニー

🕐 調理時間 30min

材料（3-6人前）

A きび砂糖　80g
A 豆乳　100g
A チョコレート　100g
B 薄力粉　80g
B 片栗粉　30g
B ココアパウダー　30g
B ベーキングパウダー　4g
塩 1 つまみ
油 70g

作り方

① チョコレートを湯煎かレンジで溶かしておく。

② Aを混ぜ合わせ、油を入れ混ぜる。

③ Bを②に振るい入れ、混ぜ合わせたら型に流す。

④ 180 度で予熱したオーブンで 25~30 分焼いたら完成！

レシピ協力者

工藤 鈴 さん

私は、高校一年生の時に VEGAN というライフスタイルを選択しました。料理やお菓子作り
が以前より楽しくなったし、自分だけじゃなく動物や地球に優しいこの生活が大好きです。
YouTube でもレシピ動画を上げているので、是非工藤世界観で調べてみてください！

ワンポイント！
ココアパウダーをきな粉に変えたり、他の型を使ったりするだけで味や見た目のアレンジができます！
チョコレートがない場合は、ココアパウダーの分量を 50g に変更し、豆腐 40g もしくは潰したバナナ
を 1 本を加えても大丈夫です。

74. カシューナッツとイチゴのアイスクリーム

いちご　200g
カシューナッツ　95g
豆乳　150ml
メープルシロップ　60ml

材料（1人前）5min

75. おからのきな粉餅

おから　50g
片栗粉　30g
水　100g
きな粉　20g
きび砂糖　20g

材料（4人前）10min

76. カスタードクリーム

豆乳　250g
米粉　30g
メープルシロップ　65g
塩　少々
バニラエクストラクト　5滴

材料（4人前）40min

77. 豆腐かぼちゃプリン

かぼちゃ　約1/4玉
豆腐　約300g
てんさい糖　約大さじ3

材料（4人前）20min

78. きなこ餅スコーン

薄力粉　200g
きび砂糖　40g
オイル　60g
豆乳　85g
きな粉　30g
塩　1つまみ
ベーキングパウダー　4g
餅　100g

材料（8個分）30min

79. グルテンフリーグラノーラバー

オートミール　120g
ナッツ（お好きなもの）80g
ココナッツシュガー　20〜30g
ココナッツオイル　60g
水　大さじ2〜3
ココナッツ・ドライフルーツ・種子類　お好み
シナモン・ココア・抹茶など　お好み

材料（1人前）60min

80. じゃがりこ風スナック

じゃがいも（中）1個
米粉　50g
片栗粉　10g
人参　15g
パセリ　適量
豆乳　大さじ2
米油　大さじ2
野菜ブイヨン　適量
塩こしょう　適量

材料（2人前）60min

81. 豆腐のチョコムース

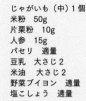

絹ごし豆腐　150g
ココアパウダー　大さじ1.5
白練りゴマ　大さじ1
メープルシロップ　大さじ3

材料（1人前）70min

82. カシューナッツ生クリーム

カシューナッツ　100g
メープルシロップ　30g
水　50ml
塩　1つまみ

材料（作りやすい量）5min

83. キャラメリゼナッツ

ナッツ（お好きなもので）200g
ココナッツシュガー　大さじ2
水　大さじ1
塩　1つまみ
シナモン　お好み

材料（作りやすい量）20min

84. バナナマフィン

小麦粉　100g
植物油　50g
砂糖　50g
バナナ　1本
ベーキングパウダー　5g

材料（2人前）30min

85. 苺のクレープ

米粉（または小麦粉）　150g
メープルシロップ　20g
豆乳　400g
オイル（生地用）　15g
オイル（焼く用）　適量
トッピング（苺やクリームなど）

材料（4人前）30min

86. フライドパスタ

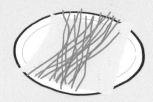

スパゲッティ　30g
油　適量
ハーブソルト　適量

材料（1人前）　5min

87. ピーナッツバターカップ

ココナツオイル　100ml
ココアパウダー　150ml
メープルシロップ　50ml
ピーナツバター　大さじ6
塩　1つまみ

材料（1人前）40min

88. ビーガン練乳

豆乳　150ml
きび砂糖　30g
ココナッツオイル　小さじ1/2

材料（1人前）7min

89. ぷにぷに食感のゼリー

片栗粉　大さじ4
砂糖　大さじ1
水　250ml
マーマレード　大さじ2
レモン汁など　適量

材料（3人前）5min

90. りんごケーキ

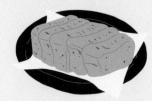

りんご　1/2個
豆腐　150g
豆乳　80g
米粉　150g
きび砂糖　70g
油　40g
ベーキングパウダー　4g
塩　1つまみ
バニラエッセンス　数滴

材料（4人前）50min

91. バナナのサクサククッキー

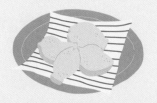

薄力粉　80g
片栗粉　20g
バナナ　30g
オイル　30g
砂糖　30g

材料（30枚分）60min

「牛乳の代わりになるものは?」

Hello vegan!

牛乳の代わりに〇〇ミルク?!のお話

Q 「牛乳の代わりになる食材って?」

「豆乳」

まず最も有名な「豆乳」は、大豆からできたミルクです。
手軽に手に入ることやタンパク質も豊富なため、ヴィーガンスイーツを作る際にも非常に便利です。

「アーモンドミルク」

次に、第3のミルクと呼ばれる「アーモンドミルク」。
味もあまり癖がなく、アーモンドのふんわりとした香りが特徴的なため、カフェやレストランでも
ミルクの代替としてカフェラテにも使われています。

「ココナッツミルク」

最後にココナッツから作られる「ココナッツミルク」。
ココナッツミルクならではの甘みや冷やすと固まる特徴があるため、乳製品や卵製品を使わない
ヴィーガンスイーツに使われます。
他にも、ココナッツオイルもヴィーガンスイーツに多用されています。

92. 豆乳を使った
レモンケーキ

詳しいレシピはこちら!

93. アーモンドミルクを使った
かぼちゃとレーズンの甘食風

詳しいレシピはこちら!

94.きのこの豆乳クリームドリア

自然を、おいしく、楽しく。
KAGOME

🕐 調理時間 10min

材料（3-6人前）

ご飯　200g
トマトケチャップ　30g
カゴメきのこの豆乳クリーム　1袋

●ハーブパン粉
パン粉（ドライ）　10g
オリーブオイル　大さじ 1/2
パセリ（みじん切り）　小さじ 1

作り方

① ハーブパン粉の材料は全て混ぜ合わせておく。

② 温かいご飯にトマトケチャップを混ぜて耐熱皿にいれる。

③ ②に「きのこの 豆乳クリーム」をかけて①をふりかける。

④ トースターで 5 分ほど、色付くまで焼いたら完成！

Information

きのこの豆乳クリーム

購入はこちら！

こちらの商品を使用致しました！
商品の詳しい内容は 100 ページへ！

95. あぶりやきソミート丼　🕐 調理時間 10min

材料（2人前）

ソミート炙り焼き　1~2袋
にんじん　1/3
キャベツ　2枚
パプリカ　1個
ピーマン　1個
しいたけ　2個
生姜みじん切り　適量
油　適量
醤油　適量
ご飯　2人前

作り方

① ソミート炙り焼きを4分湯煎する。

② 材料を食べやすい大きさに切る。

③ フライパンに油をひき、生姜のみじん切りを中火で軽く炒め、②を加え炒める。

④ 全体に火が通ったら①を加え、醤油で味を整える。

⑤ 器にご飯を入れ、④をのせて完成！

96. ソミートしょうが焼き炒め 🕐 調理時間 10min

材料（2人前）

ソミートしょうが焼き　1袋
玉ねぎ　半玉
キャベツ　好きなだけ
塩こしょう　少々
油　適量

作り方

① ソミートしょうが焼きを4分湯煎する。

② 玉ねぎを食べやすい大きさに切る。

③ フライパンに油をひき、中火で②を炒める。

④ 塩こしょうで味を整え、最後に①を加える。

⑤ キャベツをスライスする。

⑥ 器に盛って完成！

Information

ソミート（しょうが焼き）

購入はこちら！

100%植物性のお肉
ソミート
Someat

97. 深いコクのあるカルボナーラ 🕐 調理時間 10min

材料（1人前）

パスタ　100g
ベジーネ　15g
無調整豆乳　150cc
にんにく　1かけら（みじん切り）

●飾り付け
鷹の爪輪切り　少々
粗挽きブラックペッパー　少々

作り方

① 弱火で炒め、にんにくの香りを出す。

② ①に豆乳を加える（弱火）。

③ ベジーネを加えてまんべんなく混ぜる。

④ パスタを2分茹で時間より早く上げ③に加える。

⑤ ソースが無くなるまで2~3分茹でる。

⑥ お皿に盛り付けて完成！

VEGGIENE®

VEGETABLES SOUP STOCK

98. ヴィーガンチョコレートトリュフ ⏱ 調理時間 90min

材料（2人前）

ヴィーガンチョコレート　150g
豆乳　30ml
クルミ　お好み
ブランデー　10ml
アノマプロテイン（抹茶）　15g
抹茶パウダー　お好み

Information

アノマプロテイン

購入はこちら！

作り方

① クルミをすり鉢で細かく潰す。

② チョコレートを手でできるだけ小さく割る。

③ 鍋に水をはり、沸騰させる。

④ 鍋が沸騰したらボウルを浮かべ、ボウルにチョコレートを入れ、湯煎する。

⑤ 溶けたチョコレートにクルミとブランデーを入れ、よく混ぜる。

⑥ ⑤に豆乳とアノマプロテインを投入し、少しずつ固まるチョコレートをこねる。

⑦ 固まったチョコレートを湯煎から外し、冷ます。

⑧ ある程度冷めたチョコレートを一口大にこねてお皿に並べる。

⑨ 並べたチョコレートの上に、抹茶パウダーをまぶし、冷蔵庫で1時間冷やす。

99. フレンチトースト

🕐 調理時間 10min

材料（1人前）

植物生まれのプッチンプリン（3個パック）　1個(65g)

フランスパン（乳成分不使用のもの）　1/3程度

お好みのトッピング　適量

作り方

① プッチンプリンをカップから耐熱容器に出して、電子レンジ（500W）で
　 1分20～30秒加熱する。

② バットに流し入れ、スライスしたフランスパンを両面浸し、5分ほど置く。

③ フライパンに少量のココナッツオイル（分量外）
　 をひき中火で熱し、②のフランスパンの両面を
　 きつね色になるまで焼く。

④ お好みのトッピングをして完成！

こちらの商品を使用致しました！
商品の詳しい内容は101ページへ！

植物生まれのプッチンプリン

お近くの販売店が
こちらより検索できます！

トッピングをして焼くと「焼きフレンチトースト」もできるよ！
基本の「フレンチトースト」作り方の②のフランスパンとフルーツをグラタン皿に入れて、
オーブントースターで焼くだけ！

100. ベジツナカナッペ 🕐 調理時間 10min

材料（2人前）

ベジツナ　1缶
ヴィーガンマヨネーズ　1/2 カップ
コーンフレーク　1 カップ
玉ねぎ　1/4 個（みじん切り）
ピクルス　大さじ 2
セロリ　1/4 カップ（みじん切り）
キャベツ　1/2 枚（みじん切り）
クラッカーまたはサンドウィッチ用のパン

作り方

① 全ての材料を混ぜ合わせる。

② ①の材料をクラッカーまたはパンの上に乗せ完成！

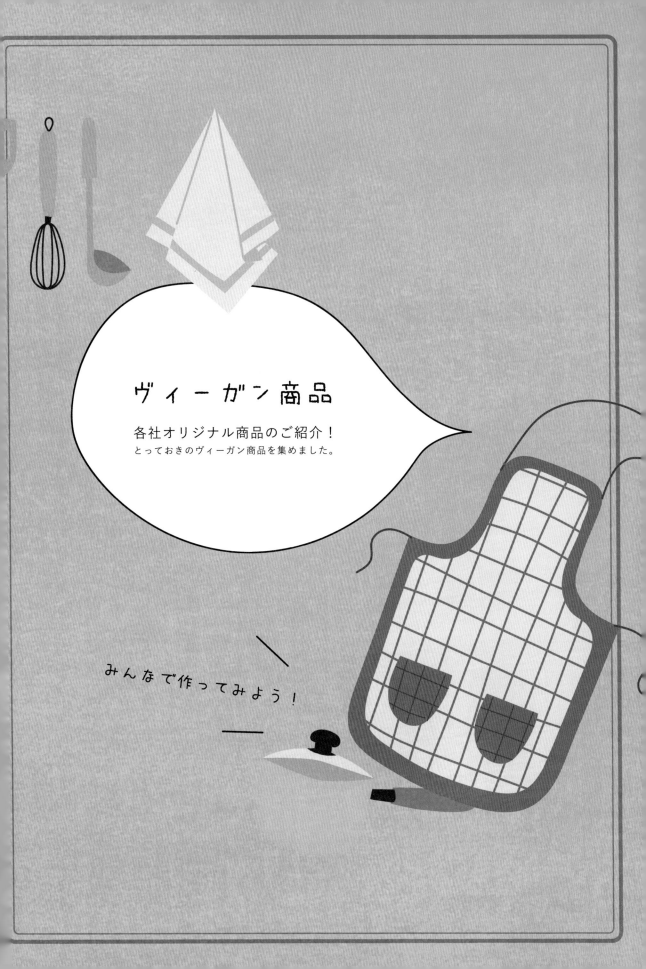

ヴィーガン商品

各社オリジナル商品のご紹介！
とっておきのヴィーガン商品を集めました。

みんなで作ってみよう！

きのこの 豆乳クリーム　根菜と大豆ミートの ボロネーゼ

＼ いろんなレシピを楽しんで！／

商品情報はこちら

自然を、おいしく、楽しく。

動物性原材料は配合せず、植物素材を使った個食レトルト商品です。
「根菜と大豆ミートのボロネーゼ」は、完熟トマトに根菜（にんじん、ごぼう）や大豆ミートの固形具材を加え香味野菜と共にじっくり煮込み、「きのこの豆乳クリーム」はきのこの具材感と豆乳クリームのコク、香味野菜の香りと旨みを活かしています。

ソミート（炙り焼き）

商品情報はこちら

ソミート（しょうが焼き）

商品情報はこちら

＼ ボリューム満点なのにヘルシー！／

動物性原料不使用
保存料／着色料／合成添加物不使用の
100％植物性のヘルシーミート！
冷凍パックで調理済。湯煎で4分、直ぐにお召し上がれます。お肉の替わりとしても色々な料理にお試しください！

100%植物性のお肉
ソミート
Someat

アノマプロテイン

商品情報はこちら

ANOMA

国内ブランドのピープロテインとして、高い人気を誇る ANOMA プロテイン。欧州産の厳選されたえんどう豆たんぱくに、玄米たんぱくをブレンドしました。
不足しがちなタンパク質やミネラルを、手軽に補うことができます。人工甘味料不使用で、自然な甘みを生かしているため、お菓子作りにもピッタリです。

ベジーネ

厳選された数種類の野菜と良質な米油が主成分で、動物成分不使
用の100％植物性調味料です。化学調味料・香料・着色料も無添加
で、低糖と身体にも優しくどんな料理にも合う調味料です。
この万能調味料を少量加えるだけで、料理の味を引き立てながら、
深い旨みとコクを引き出せます。

商品情報はこちら

植物生まれのプッチンプリン

卵や乳等の動物原料を使わず、植物原料で作ったプッチンプリンです。
豆乳やアーモンドでコクを出し、きび砂糖®を使用しやさしい甘さに仕上げました。
プッチンプリンのおいしさと、プルルン食感はそのままに、これまでアレルギーや
ライフスタイルでプリンを控えていた方にもお楽しみいただけます。

おいしさと健康
glico

商品情報はこちら

Big 155g　　　　　　3個パック（65g×3個）

ベジツナ

大豆をツナ状に加工した、動物性原料不使用の大豆
たん白食品です。ツナ風の食感をお楽しみいただけ
る製品で、そのままほぐしてサラダのトッピングに、
ヴィーガンマヨネーズとあえてツナマヨ風のアレン
ジに、また、様々なお味のパスタソース具材として
等ご利用いただけます。

商品情報はこちら

三育フーズ株式会社

ヴィーガンレストラン

お家でのご飯も楽しいけれど、家族、お友達や大切な人と
とっておきの時間を過ごせる各地のレストランをご紹介！

東京

FALAFEL BROTHERS

揚げたてのファラフェルを中心としたVEGAN CAFE。
六本木、渋谷、恵比寿に OPEN！

■住所：東京都渋谷区宇田川町 15-1 渋谷パルコ 7F
■アクセス：渋谷駅から徒歩 7 分

東京

T'sレストラン

T'sたんたんの原点！ メインからスイーツ
まで楽しめる豊富なバリエーションが特徴。

■住所：東京都目黒区自由が丘 2-9-6 Luz 自由が丘 B1F
■アクセス：東急東横線・大井町線自由が丘駅 徒歩 3 分

東京

AIN SOPH. Ginza

2009年12月創業の、AIN
SOPH. 本店。
旬の野菜を使ったヴィーガン
料理のレストラン。
1 階は手土産にもおすすめ
のヴィーガンプリン、ティラミス、
焼き菓子などを扱うパティス
リーを併設しています。

■住所：東京都中央区銀座 4-12-1
■アクセス：東京メトロ東銀座駅
から徒歩 1 分

東京

PEACE TABLE

国籍も宗教も肌の色も関係なく、身体に優し
くて美味しいものを食べられるレストラン。

■住所：東京都渋谷区道玄坂 1-16-15 NKビル 1 階
■アクセス：JR 渋谷駅から徒歩 3 分

しぜんバル パプリカ食堂ヴィーガン

（大阪）

vegan&organic.「たべて、のんで、きれいになる。」魔法の食事のご提供を目指すカフェレストラン。

■住所：大阪市西区新町 1-9-9 アリビオ新町 1 階
■アクセス：四ツ橋線四ツ橋駅より徒歩 3 分

AIN SOPH. Journey Kyoto

（京都）

2018 年 3 月オープンの関西初の店舗。東京でも大人気の天上のヴィーガンパンケーキを京都らしく抹茶仕立てにしたものや、カツレツバーガーなどを提供しています。

■住所：京都市中京区新京極通四条上ル中之町 538-6
■アクセス：阪急河原町駅9 番出口 徒歩 2 分

mumokutekicafe大阪

（大阪）

2019 年 10 月 26 日に OPEN。京都発のヴィーガンカフェ。

■住所：大阪府大阪市北区中崎西 3 丁目 1 − 4
　山田不動産マンション 1F
■アクセス：谷町線中崎町駅から徒歩 3 分

Vegan cafe Thallo

（兵庫）

神戸元町のヴィーガン & グルテンフリーカフェ。動物性食材、小麦粉、白砂糖、乳化剤、ごくん、電子レンジは不使用。

■住所：兵庫県神戸市中央区北長狭通 4 丁目 7-12
　オーシャンズ101
■アクセス：JR 元町駅から徒歩 4 分

mumokutekicafe京都

（京都）

2019 年 3 月 15 日にリニューアルオープン。全メニューがヴィーガン対応となりました。

■住所：京都府京都市中京区式部町 261
　ヒューマンフォーラムビル 2F
■アクセス：阪急京都河原町駅 より徒歩 8 分

Holistic Bio Cafe Veggy Way

（北海道）

心とカラダを癒す Holistic Bio Food を提供するオリエンタルヴィーガンのカフェ。

■住所：北海道札幌市中央区大通西 27 丁目 2-3
　円山桂和 West27(旧スプリング 8 ビル)1F
■アクセス：札幌市営地下鉄東西線円山公園駅から
　徒歩 1 分

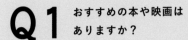

編集チームに聞いてみた!

「世界一簡単なヴィーガンレシピ」編集チームへ突撃質問!
リアルなヴィーガンの声をご紹介します。

Q1 おすすめの本や映画はありますか?

すずさん
「食事のせいで、死なないために[病気別編]を読んで、菜食の健康や栄養について知ることができました!」

クロエさん
「少し昔の本ですが "もう肉も卵も牛乳もいらない!" はヴィーガン初級編のような本でおすすめです。」

はるかさん
「"フィット・フォー・ライフ" はヴィーガンでも栄養学的に安心して始められる情報が載っています!」

かほさん
「"女性のためのナチュラル・ハイジーン" は、女性の悩みを改善することが科学的に書かれているのでおすすめです!」

Q2 便利なヴィーガンのアプリやサービスを教えてください!

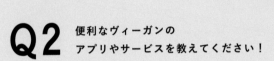

すずさん
「レシピを知りたい時は、ブイクックや SNS で検索します!」

みさきさん
「Happy Cow がイチオシです!
ヴィーガン対応があるお店を探すのに便利です!」

かほさん
「Google Maps でヴィーガン と調べるのがおすすめです!行きたいお店をリストに加えて便利です!」

Q3 食材以外のヴィーガン商品でおすすめはありますか?

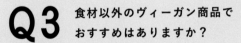

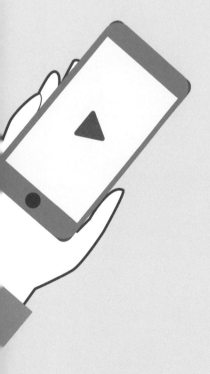

すずさん
「belle&sofa や Aasha のヴィーガンレザーの靴や財布がおすすめです!」

クロエさん
「tvert の化粧水や乳液をはじめ、コスメ商品もおすすめです!」

はるかさん
「ナウフーズの歯磨き粉がヴィーガンでおすすめです!」

みさきさん
「洗剤がいらない洗濯マグちゃんが、エコでおすすめです!」

ブイクックってなんですか？

日本初のヴィーガン料理に特化したレシピ投稿サイトです。
1,000件以上の豊富なヴィーガンレシピが投稿され、料理を通した暖かいコミュニティを形成しています。
「ヴィーガン料理を美味しく作りたい」「幅広いヴィーガン料理を知りたい」「ヴィーガンの人と繋がりたい」という方に使っていただいています。
さっそく、みんなのヴィーガン料理をチェックしてみましょう！

ブイクックでできること

1. ヴィーガンレシピを投稿して、みんなにシェア！
2. みんなが投稿したヴィーガンレシピを検索！
3. お気に入りのヴィーガンレシピを保存！
4. ヴィーガン料理を通して、楽しく交流！

さっそくブイクックで
ヴィーガンレシピを
チェック！

Project Member

プロジェクトメンバー

様々なメンバーが集まり、この1冊を作ることができました。

レシピチーム

レシピチームメンバー
山﨑 由華

レシピチームメンバー
スマベジ

レシピチームメンバー
HANAKO

レシピチームメンバー
chika

レシピチームメンバー
里美

レシピチームメンバー
Harapeco Vegan

レシピチームメンバー
みみこ

レシピチームメンバー
椎葉 康祐

レシピチームメンバー
akicoco

レシピチームメンバー
まみこ

レシピチームメンバー
erico

レシピチームメンバー
Lisa

レシピチームメンバー
mana

レシピチームメンバー
工藤 鈴

レシピチームメンバー
Veggical Kitchen

運営チーム

ブイクック代表・運営リーダー
工藤 柊

ヴィーガン栄養学監修
山﨑 由華

カメラマン
ミヤモト ワタル

デザイン
おざき ゆき

編集チーム

編集チームリーダー
工藤 鈴

現在18歳の、工藤鈴です！毎日「皆に優しいおやつ」を研究してます。わたしはveganになってから、自分に自信を持てるようになりました。理由は沢山ありますが、動物だけでなくこの世界を愛しているという実感が湧いたからだと思います。そんな素敵なライフスタイルを、この本や、美味しいお菓子で、多くの方に知っていただけますように。

編集チームメンバー
小西 蔵絵

元々食べ物に好き嫌いが無く、今思えば本当に肉料理が大好きでした。しかし、ある日急に、動物が心から大好きなのに肉や魚を食べている事に疑問を抱き、ベジタリアンに。正直、私は周りにヴィーガンの友達が1人もおらず、ベジタリアンからヴィーガンになるのは難しかったです。その時の苦労や情報不足を解消できれば、ヴィーガンは必ず定着すると信じて、編集チームに志願しました！

編集チームメンバー
石田 遥夏

都内の大学に通う学生です。料理が好きで、ヴィーガンというライフスタイルに出会ってからは、ヴィーガン料理もお料理のジャンルの1つとして楽しんでいます。新しい発見がたくさんでとっても面白いです。この本を通して、ヴィーガン料理を作ったり、食べることや地球環境について少し考えてみる時間を過ごしてもらえたら嬉しいです。

編集チームメンバー
山田 香穂

看護師です。ズボラなのでいつも簡単ですぐに作れる料理をしています。最近ようやく材料を量りながら作るようになり劇的に美味しくなったので、レシピって大事だなと実感してます。麺類や揚げ物、ジャンクなものが大好きです。

編集チームメンバー
柳川 美咲

ヴィーガンになった当初はお肉やお魚を食べないと物足りないんじゃないかと思ったりしてましたが逆でした。以前より食のバラエティが増え、毎回の食事が楽しくなりました。また植物の味はこんなにも豊かだったのかと嬉しい気づきもありました。
ヴィーガン食は心も体も自分を取り囲む全てを幸せにしてくれる料理です。

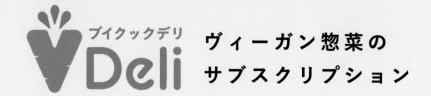

ブイクックデリ Deli
ヴィーガン惣菜のサブスクリプション

ブイクックデリって？

ブイクックデリは、2021年3月にスタートしたヴィーガン惣菜の定期宅配サービスです。「職場に持っていくヴィーガン料理がほしい」「毎日料理するけど、たまにはラクしたい」「何からヴィーガンを始めていいかわからない」という方に、とてもおすすめです。

12メニューから、毎回6食ずつ冷凍で宅配します。

宅配頻度は、生活に合わせて「毎週」「2週間に1回」「4週間に1回」の3つの頻度から選択が可能です。

ブイクックデリの3つの特徴

便利な定期宅配

新鮮なまま冷凍されたヴィーガン料理を定期的にお届けするサービスです。定期購入の解約・スキップはいつでも設定ができます。

豊富なヴィーガンメニュー

豊富なメニューの定期宅配サービスはブイクックデリが日本初。「本当にヴィーガン？」と驚くような新メニューを定期的に追加します。

栄養バランス

ヴィーガン料理のため、野菜を多く摂取でき、植物性タンパクを十分摂取できるように、栄養バランスを考えて献立を作成しています。

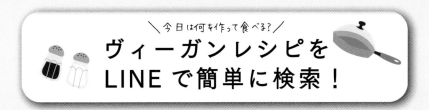

\今日は何を作って食べる?/
ヴィーガンレシピを
LINE で簡単に検索!

ブイクックに投稿されたヴィーガンレシピから、簡単に検索できる LINE 公式アカウントです。

「トマト」などの材料や「クリームパスタ」などの料理名を送信すると、ブイクック公式キャラクターのシェフくんが、2,300 以上のヴィーガンレシピから選んで教えてくれます!

「今日は何作ろう?」と思ったら、ぜひ LINE 公式アカウントでシェフくんにメッセージしてみてください。

Point

1. LINE で気軽に検索ができる!
2. 2,300 品以上のレシピから検索可能!
3. 悩んだらジャンルから検索!

LINE 公式アカウント
登録はこちらから!

あとがき

『世界一簡単なヴィーガンレシピ』を手に取っていただきありがとうございます。
株式会社ブイクック代表の工藤柊です。

このレシピ本は、2020年4月に実施したクラウドファンディングにて870名からのご支援を受け、2020年8月に出版することができました。
クラウドファンディングから約1年。多くの方々に手に取っていただき、第2刷を出版することができて嬉しいです。
いつも応援、ご協力いただいている皆様には心から感謝しています。

2020年より、日本でもヴィーガンという言葉を目にすることが多くなり、興味を持ってくださる方が多くなってきたように思います。実際に、飲食チェーンやコンビニなどでもヴィーガン商品が並び始めるようになりました。

様々なきっかけでヴィーガンに興味を持った方が、この本を通じてレシピだけではなく、ヴィーガンの理由や商品、飲食店などを知って、少しでも生活に取り入れていただくきっかけになればと思います。

2020年8月の出版以降、ブイクックも挑戦を繰り返してきました。
その中でも、ヴィーガンレシピを検索できる「LINE公式アカウント」やヴィーガン惣菜のサプスク「ブイクックデリ」を紹介するページを、第2刷から追加させていただいています。ご覧いただけると幸いです。

改めて、このレシピ本を手に取ってくださった皆様、素敵なレシピを提供してくださったレシピ協力者、編集チームの皆様、そしてクラウドファンディングでご支援いただいた皆様、関わってくださる全ての方に感謝です。

少しでもヴィーガン生活のお役に立てれば幸いです。

株式会社ブイクック代表
工藤 柊

ヴィーガン栄養学（p8 ,p9）引用元情報

"Position of the American Dietetic Association and Dietitians of Canada:Vegetarian diets"
https://pubmed.ncbi.nlm.nih.gov/12778049/
"AustralianDietary Guidelines"
https://eatforhealth.govcms.gov.au/sites/default/files/content/n55_australian_dietary_guidelines.pdf
"Plant-based diet: Food Fact Sheet"
bda.uk.com/resource/plant-based-diet.html
"Is Being Vegan Healthy? Here's What The Top Nutritional Organizations Say"
https://www.theplantway.com/is-vegan-healthy/

イラスト :123RF

世界一簡単なヴィーガンレシピ

2020 年 8 月 10 日　第 1 刷　発行
2021 年 4 月 30 日　第 2 刷　発行

編集・制作　株式会社ブイクック
発行　株式会社ブイクック
〒651-0086
神戸市中央区磯上通 4-1-14
三宮スカイビル 7F
TEL 070-4403-2009
https://vcook.co.jp

発売　神戸新聞総合出版センター
〒650-0044 神戸市中央区東川崎町 1-5-7
TEL 078-362-7140　FAX 078-361-7552
https : //kobe-yomitai.jp
印刷　神戸新聞総合印刷

Let's cook!